SAINT-SIMON

RENÉ DOUMIC
de l'Académie Française.

SAINT-SIMON

LA FRANCE
DE LOUIS XIV

DEUXIÈME ÉDITION

LIBRAIRIE HACHETTE
79, BOULEVARD SAINT-GERMAIN, PARIS

A LA MÉMOIRE
DE MON FRÈRE

MAX DOUMIC

ARCHITECTE

ENGAGÉ VOLONTAIRE A 52 ANS
LIEUTENANT AU 1er RÉGIMENT ÉTRANGER
TUÉ A L'ENNEMI
LE 11 NOVEMBRE 1914
PRÈS REIMS.

CES conférences ont été prononcées en janvier-mars 1914 à la Société des Conférences. La guerre m'a empêché de les faire paraître plus tôt. En les publiant aujourd'hui, je me suis borné à y faire quelques corrections de style, sans rien changer aux idées et à la nature des développements.

PREMIÈRE CONFÉRENCE

LA VIE DE SAINT-SIMON

I. — LA VIE DE SAINT-SIMON

JE me propose de relire avec vous Saint-Simon.
Dans le magnifique ensemble de notre littérature française, il n'est aucun autre écrivain qui
ait possédé à un tel degré le don d'évocation ;
aucun autre n'a su peindre les figures avec un tel
relief, si puissant que nous en sommes à jamais
hantés. Chaque fois qu'on ouvre les *Mémoires*,
on redevient leur prisonnier : on ne peut plus
se détacher de cette immense fresque à mille
personnages, de ce tableau animé, vivant, frémissant de vie et débordant de passion. J'ai
pensé que nous aurions, vous et moi, plaisir à
les feuilleter ensemble. Saint-Simon est l'auteur
fait à souhait pour un conférencier : avec lui,
on n'a qu'à citer. Je ferai des citations abondantes : elles illustreront mon texte et elles
l'illumineront.

Permettez-moi de vous expliquer en quelques
mots le point de vue auquel je me place. Ce n'est
pas celui de l'historien. Je ne suis pas historien

de profession, et d'ailleurs pour connaître, — ce qui s'appelle connaître, — l'histoire du XVIIᵉ siècle, il faut y avoir consacré toute sa vie, comme avait fait Arthur de Boislisle, l'auteur de l'admirable édition des *Mémoires* que vous connaissez tous et que continuent avec tant de zèle et d'autorité son fils, M. Jean de Boislisle, et son dévoué collaborateur, M. Léon Lecestre, depuis longtemps associé à son œuvre. Pour tout ce qui est d'ordre proprement historique, je me bornerai à utiliser les résultats que nous ont acquis ces savants hommes. Mon point de vue est celui du critique, curieux d'interroger les écrivains pour surprendre le secret de leur art. Le problème que je pose, et dont je voudrais rechercher la solution à travers les *Mémoires* de Saint-Simon, est un problème tout littéraire. Je voudrais savoir comment procèdent ces grands peintres dont l'œuvre est, suivant un mot fameux, un « répertoire de documents humains ».

Ces grands peintres, c'est Shakespeare, c'est Molière, c'est Balzac. Ils ont créé avec leur imagination tout un monde, auquel le monde des vivants ressemble comme la copie ressemble au modèle, une société organisée à laquelle nous ne cessons de comparer la société réelle. C'est chez eux que nous étudions l'humanité. Car la société qui nous entoure est une énigme dont le mot nous échappe et nous avons peine à en comprendre les spectacles : ils sont trop complexes, trop confus, d'ailleurs mobiles, changeants et décevants. Nous nous reconnaissons mieux dans ces images simplifiées et agrandies que nous présentent les écrivains. Nous saluons nos passions, nos vertus parfois et plus souvent nos vices, dans ces types auxquels ils donnent des noms de fantaisie, Hamlet ou Othello, Don Juan ou Harpagon, Hulot ou Goriot. Saint-Simon est de la famille. Cette représentation de la vie que poètes et romanciers composent avec la trame de leurs rêves, il l'obtient par d'autres moyens, mais le résultat est le même. Il travaille sur la matière vivante, mais pétrie au gré de son génie. Lui aussi il fait le portrait de l'ambitieux et du débauché, du grand seigneur méchant homme et du courtisan ; mais il leur donne les noms de ses contemporains. Il peint le vieillard en tutelle et il l'appelle Louis XIV, l'intrigante et il l'appelle Mme de Maintenon, le fanfaron et c'est Villars, comme le débauché est Vendôme, le libertin est le Régent, l'ambitieux est Fénelon, à moins que ce ne soit le cardinal Dubois. Qui ne voit quel éclat ces noms illustres prêtent aux types de l'humanité de tous les temps ?

Telle sera donc mon idée directrice. Je me demanderai sans cesse : «Comment un Saint-Simon observe-t-il et comment cette observation, conditionnée par ses idées, ses sentiments, ses passions, devient-elle une création ? Comment est-il la dupe en même temps que l'auteur d'une vision d'artiste

qui vient de lui et qui s'impose à lui? Comment
l'art déforme-t-il la réalité pour en reformer une
vérité supérieure?» Voilà ce que je rechercherai
avec vous ; et — comme j'aimerais à étudier
quelque jour, dans les romans de Balzac, l'histoire
de la société française au XIX° siècle, — j'étudierai, cette fois, la comédie humaine dans
les *Mémoires*.

Avant toutes choses, je dois retracer la vie
de Saint-Simon et ce n'est pas ici vaine curiosité, mais c'est qu'aucun écrivain, — je dis aucun
poète et aucun romancier, — ne fut plus personnel que cet historien, et qu'aucune œuvre
n'est, plus que celle-ci, dépendante de la personne.
Cette biographie est d'ailleurs pleine de sur-
prises pour qui se représenterait Saint-Simon
tel que nous le montrent les *Mémoires* : ce travail de transformation artistique dont je vous
parlais tout à l'heure, il s'en est d'abord appliqué le bénéfice à lui-même.

Ainsi, il est piquant de constater que ce
défenseur de la plus vieille aristocratie, s'il est
de bonne maison, n'est pourtant que de petite
noblesse et que sa pairie est de fraîche date. Les
Rouvroy de Saint-Simon prétendaient se ratta-
cher à la maison de Vermandois qui elle-même
prétendait remonter à Charlemagne « dont nous

sortons, dit Saint-Simon, sans contestation quelconque ». Beaucoup le contestaient, au contraire, et soutenaient que « jamais il n'y eut si mince noblesse ». Saint-Simon n'avait pas bien haut à remonter pour trouver l'origine de la grandeur de sa maison, puisqu'elle datait de son père Claude de Saint-Simon. Celui-ci avait commencé par être page de Louis XIII. Voici comment il s'était poussé dans la faveur de ce roi, grand chasseur. « Mon père, qui remarqua l'impatience du roi à relayer, imagina de lui tourner le cheval qu'il lui présentait, la tête à la croupe de celui qu'il quittait. Par ce moyen le roi, qui était dispos, sautait de l'un sur l'autre, sans mettre pied à terre, et cela était fait en un moment. » Tallemant des Réaux dit, dans le même sens, mais plus crûment : « Le roi prit amitié pour Saint-Simon, à cause que ce garçon lui rapportait toujours des nouvelles de la chasse, qu'il ne tourmentait pas trop ses chevaux et que, quand il portait son cor, il ne bavait point dedans. » Médiocre service pour de si grands dons ! Comblé des faveurs de Louis XIII, grand louvetier, premier gentilhomme de la chambre, conseiller du Roi en ses conseils d'État et privé, chevalier de l'ordre, gouverneur de Meulan et de Blaye, ce nouveau venu paraît avoir eu les dents longues. Enfin, il fut élevé à la dignité de duc et pair : on était en 1635.

Saint-Simon fait de son père l'éloge le plus

complet, — et le plus filial. Toutefois, parmi les traits qu'il en rapporte, il s'en glisse de singuliers. « Le roi, dit-il, était véritablement amoureux de Mlle d'Hautefort.... Mon père était jeune et galant, et il ne comprenait pas un roi si amoureux, si peu maître de le cacher, et, en même temps, qui n'allait pas plus loin. Il crut que c'était timidité et, sur ce principe, un jour que le roi lui parlait avec passion de cette fille, mon père... lui proposa d'être son ambassadeur et de conclure bientôt son affaire. » Celui qui nous conte cette anecdote sans sourciller est le même qui a flagellé, avec l'âpreté que vous savez, les seigneurs complaisants et les matrones faciles aux amours de Louis XIV ! Serait-ce qu'il y avait, dès ce temps-là, deux morales ?

Claude de Saint-Simon avait soixante-cinq ans quand il épousa Charlotte de l'Aubespine : il en eut, trois ans après, à la barbe des gens, un fils, Louis, né à Paris dans la nuit du 15 au 16 janvier 1675, qui reçut le nom de vidame de Chartres et qui sera notre duc de Saint-Simon, l'historien. Saint-Simon est le fils d'un père de soixante-huit ans, l'enfant d'un vieillard. Le fait est qu'il resta toute sa vie chétif et malingre. Aucun de ceux qui nous parlent de lui n'omet de dire qu'il était petit, — de « petite constitution » comme de petite taille, — avec une de ces petites voix aigres qu'on appelle filets de vinaigre. Les chansons de la Régence le traitent d'avorton,

de roquet et même d'embryon. On l'avait sur-
nommé le petit « boudrillon »; ce que nous
traduirons par : le petit bout d'homme. L'épithète de « petit » revient avec insistance et
s'impose quand on parle de lui. Je n'attache
pas plus d'importance qu'il ne convient aux
détails de la physiologie : il est vrai pourtant
que c'est assez souvent le défaut des petits
hommes d'être irascibles et un peu rogues. Et
enfin, on se tromperait du tout au tout si l'on
faisait de Saint-Simon le type légendaire du bon
géant.

Il se peut aussi que cette faiblesse de constitution l'ait rendu peu propre aux exercices
physiques, ceux de la chasse et ceux de la
guerre, et plus apte aux travaux de l'esprit.
Alors, — comme on a célébré l'heureuse surdité
d'un Ronsard, — réjouissons-nous de ce défaut de
taille, puisque le petit boudrillon va devenir un
si grand écrivain.

Il reçut une éducation tout à fait exceptionnelle
à une époque où les parents ne s'occupaient guère
de leurs enfants. Nous en avons un curieux témoignage. C'est l'instruction offerte, en guise de
cadeau de fête, à Saint-Simon âgé de huit ans et
demi, par son gouverneur. Ce gouverneur, René de
Gogué, sieur de Saint-Jean, était un homme
des plus estimables et son instruction, encore
qu'elle constitue un cadeau de fête un peu
sévère pour un enfant de huit ans et demi, est

charmante. Il entretient d'abord l'enfant de ce qu'il doit à ses parents. A son père : « Vous savez quelles sont ses leçons pleines d'affection et de sagesse, qu'il vous fait à tout moment sur de différents sujets : profitez-en, je vous en conjure, monsieur. » (Ce « monsieur », dit à ce gamin, vous a une bonne saveur d'autrefois.) A sa mère : « Pour madame la duchesse, il ne faut pas vous imaginer que les autres mères lui ressemblent. (On serait tenté de dire à l'honnête pédagogue qu'aucune mère ne ressemble à une autre et que pourtant toutes les mères se ressemblent. Mais ce qui distinguait cette mère-là des autres mères, c'est qu'elle avai soin de son fils.) Elle veut être présente à tout et ne s'en rapporter ni à gouverneur ni à précepteur, ni à vos autres maîtres. » Plus loin, voici quelques lignes directement à l'adresse de l'enfant et qui lui signalent son péché d'habitude : « Vous êtes sujet à la colère : excitez-vous à la modérer et à devenir clément. Souvenez-vous que, si vous venez à battre vos gens, vous vous ferez plus de tort que vous ne leur ferez de mal. » Je ne crois pas que Saint-Simon ait battu ses gens ; mais il devait avoir, plus tard, une manière de battre les gens que son gouverneur n'avait pas prévue.

Qu'on imagine maintenant cette enfance passée entre ce père en cheveux blancs, doucement sermonneur, et cette mère craintive, dans le vieil hôtel de la rue des Saints-Pères, où ne se voyaient que de vieux visages et ne fréquentaient que des survivants de la vieille cour. Des souvenirs d'autrefois, des récits du temps passé, une comparaison des mœurs nouvelles avec les anciennes et pour préférer· les anciennes, des conversations chagrines où l'on gémit sur la décadence universelle... Une telle éducation est faite, ou pour vous donner à jamais l'horreur de tout ce qu'elle recommande, ou pour faire pénétrer son esprit en vous jusqu'au fond de l'être, dans les moelles et dans le sang.

Elle mit sur Saint-Simon une empreinte ineffaçable. Il adopta aveuglément toutes les idées, tous les partis pris de son père. Le favori de Louis XIII était resté profondément reconnaissant au souverain à qui il devait la grandeur de sa maison : il assistait chaque année pieusement au service anniversaire qui se célébrait le 14 mai à Saint-Denis. Saint-Simon y alla, sa vie durant, à l'exemple de son père. Même il constate quelque part qu'il y est allé déjà cinquante-deux fois et qu'il n'y a jamais rencontré personne. En revanche, le vieux duc, à l'époque de la Fronde, avait louvoyé entre le parti des Princes et celui de Mazarin, et plus ou moins trahi tous les deux : dont il avait gardé rancune à l'un et à l'autre. Son fils prit dans l'héritage la rancune comme la reconnaissance. Enfin Claude de Saint-Simon mettait, dans les querelles de préséance et de rang, d'autant plus d'acharnement que ses droits étaient plus récents, si bien qu'en 1660 les ducs et pairs le chargèrent de défendre leurs privilèges. Il composa un mémoire où il soutient que les ducs et pairs possèdent la première dignité du royaume, qu'ils sont les conseillers naturels des rois et que, dans un État bien ordonné, si les rois sont rois, les ducs et pairs sont leurs prophètes. Ai-je besoin de vous dire que Saint-Simon sera tout à fait de cet avis?... De telles idées sont bien surannées : Saint-Simon les recueille avec les mots eux-mêmes et les tours de phrase où il les a entendu exprimer. Il s'est installé dans le passé ; il y restera : il sera désormais et toujours un homme d'autrefois.

Poussons plus loin l'analyse. Son éducation écartait de lui les jeunes gens de son âge : il n'éprouva pas le besoin d'en connaître. Il n'était pas « tourné vers leur genre de vie ». C'était un enfant sage. Il n'avait pas le goût de la dissipation. Je ne le lui reproche pas : je constate seulement qu'il n'a pas eu de jeunesse. Il n'a pas joué, il n'a pas ri, il n'a pas eu de ces heures d'insouciance et de folie qui vous font libre comme l'air et léger comme lui ; il a senti trop tôt sur ses épaules trop frêles le poids de la vie et il en est resté à jamais accablé.

Il fit de bonnes études. Je sais bien qu'il prétend le contraire, mais c'est une prétention commune à beaucoup d'hommes très instruits. Il sut du latin — assez pour être encore en état, vingt-deux ans après, de haranguer dans la langue de Cicéron. C'était, vous vous en souvenez, pendant l'ambassade d'Espagne, à Tolède. Deux chanoines, dont l'un n'était rien moins qu'un Pimentel, archidiacre et de grande famille, vinrent le complimenter au nom du chapitre. Saint-Simon se sentit dans un grand embarras que redoublait encore la présence d'une jeunesse moqueuse.

« Dès que je fus couvert, écrit-il, je me découvris et ouvris la bouche pour les remercier ; à l'instant, le Pimentel, le chapeau à la main, se leva, s'inclina, me dit *domine* sans m'avoir donné l'instant d'articuler un seul mot, se rassit, se couvrit, et me fit une très belle harangue en fort beau latin, qui dura plus d'un gros quart d'heure. Je ne puis exprimer ma surprise ni quel fut mon embarras de répondre en français à un homme qui ne l'entendait pas. Quel moyen ? En latin, comment faire ? Toutefois, je pris mon parti ; j'écoutai de toutes mes oreilles, et, tandis qu'il parla, je bâtis ma réponse pour dire quelque chose sur chaque point, et finir par ce que j'imaginai de plus convenable pour le chapitre et pour les députés, en particulier pour celui qui parlait. Il finit par la même révérence qui avait commencé son discours, et je voyais en même temps toute cette jeunesse qui me regardait et riochait de l'embarras où elle n'avait pas tort de me croire.

« Le Pimentel rassis, j'ôtai mon chapeau, je

me levai, je dis *domine*. En me rasseyant et me couvrant, je jetai un coup d'œil à cette jeunesse, qui me parut stupéfaite de mon effronterie, à laquelle elle ne s'attendait pas. Je dérouillai mon latin comme je pus, où il y eut sans doute bien de la cuisine et maints solécismes, mais j'allai toujours, répondant point par point; puis, appuyant sur mes remerciments, avec merveilles pour le chapitre, pour les députés et pour le Pimentel, à qui j'en glissai sur sa naissance, son humilité, son mépris des grandeurs, et son refus de deux si grands et si riches archevêchés. Cette fin leur fit passer mon mauvais latin, et les contenta extrêmement, à ce que j'appris. Je ne parlai pas moins longtemps que le Pimentel avait fait. En finissant par la même révérence, je jetai un autre coup d'œil sur la jeunesse, qui me parut tout éplapourdie de ce que je m'en étais tiré si bien. Il est vrai qu'elle n'admira pas mon latin, mais ma hardiesse et ma suite, parce que j'avais répondu à tout, et que je les avais après largement complimentés. »

Vingt-deux ans après le collège, discourir en latin, même en latin de cuisine, combien aujourd'hui en seraient capables, je dis parmi ceux qui l'ont le mieux su, ou même qui l'ont enseigné?

Les jeunes gens d'aujourd'hui ne savent plus le latin : je crains qu'ils ne sachent pas beaucoup mieux pour cela les langues étrangères.

Saint-Simon savait l'allemand. Puis, il avait un goût particulier pour les études historiques. Il aurait pu dire, comme Montaigne : « L'histoire, c'est mon gibier en matière de livres. » Je crois que cela n'étonnera personne.

Pour terminer, il entra à l'Académie. Ce nom désignait, au XVIIe siècle, les écoles d'équitation. C'est la seule Académie dont fut jamais l'auteur des *Mémoires*.

Un dernier trait tout à fait important. L'éducation religieuse de Saint-Simon avait été confiée à un jésuite, le P. Sanadon, auquel il resta toujours très attaché, et qui jeta dans son cœur les premiers germes de la piété. Mais c'est un autre qui les fit fructifier. Le père de Saint-Simon avait connu l'abbé de Rancé, quand ce pieux et romanesque personnage était dans le monde ; il était resté son ami et il l'avait pour voisin de campagne, depuis que Rancé s'était retiré à la Trappe : il lui mena son fils. L'entrevue fut des plus touchantes. « Quoique enfant pour ainsi dire encore, M. de la Trappe eut pour moi des charmes qui m'attachèrent à lui, et la sainteté du lieu m'enchanta. » Il y retourna chaque année et y fit des retraites, — dont il est vrai de dire qu'il se cachait, crainte du ridicule. Il y passait d'ordinaire les jours saints, sous prétexte d'aller à la campagne... Faut-il reprocher à Saint-Simon ce respect humain ? Sachons-lui plutôt gré d'avoir évité toute affectation dans sa piété,

qui était une piété sincère, non des lèvres mais
du cœur... Décidément, quand il arriva à la Cour,
ce petit dévot, — que d'Argenson appelle même
un « petit dévot sans génie, » — ne ressemblait
guère aux jeunes seigneurs de ces dernières années
de Louis XIV où se préparait l'effroyable libertinage de la Régence.

*
* *

Ce fut en 1691 que son père le mena à Versailles et le présenta au roi pour être mousquetaire. Le roi trouva que, pour un mousquetaire
il était bien petit, et l'accepta néanmoins.
Voilà Saint-Simon mousquetaire gris : il y
avait dans la maison du roi deux compagnies de
mousquetaires, noirs et gris, tirant leur nom
de la couleur des chevaux. Il était simple soldat,
mais comme on l'était alors, avec un équipage
de trente-cinq chevaux et mulets. Chaque année,
au printemps, le roi quittait les plaisirs de la
Cour et s'en allait prendre le commandement
de ses armées, emmenant avec lui une carrossée
de grandes dames auxquelles il donnait le spectacle de le voir emporter d'assaut une ville.
Saint-Simon assista ainsi au siège de Namur,
où il fit ses premières armes, en 1692. L'année
suivante, il acheta une compagnie de cavalerie
dans le régiment de Royal Roussillon qu'il mena à
la bataille de Neerwinden, gagnée par le maréchal

de Luxembourg. Il était mestre de camp — c'est-à-dire colonel — au bout d'un an.... L'avancement, à cette époque-là, ne se faisait pas à l'ancienneté.... Mais, en 1702, n'ayant pas été compris dans une promotion de « brigadiers », Saint-Simon donna sa démission Louis XIV en fut chagriné. « Eh bien, dit-il, voilà encore un homme qui nous quitte! » Saint-Simon avait-il été réellement victime d'un passe-droit ? Je croirais plutôt qu'il quitta le service parce qu'il ne l'aimait pas.

Cet héritier d'une noblesse militaire avait, aussi peu que possible, l'âme guerrière. Certes, ce n'était plus l'époque triomphante, où nos troupes ne connaissaient que la victoire vers laquelle les guidaient sûrement l'incomparable Turenne et M. le Prince, le héros. Mais il y avait encore de beaux jours pour la valeur française. C'est à Neerwinden que se place cet épisode raconté par Saint-Simon : « Le prince d'Orange, étonné que le feu continuel et si bien servi de son canon n'ébranlât point notre cavalerie, qui l'essuya six heures durant sans branler et tout entière sur plusieurs lignes, vint aux batteries, en colère, accusant le peu de justesse de ses pointeurs. Quand il eut vu l'effet, il tourna bride et s'écria : *Oh! l'insolente nation!* » Et cet autre trait : Quoadt, le brigadier sous les ordres de qui était Saint-Simon, avait été tué d'un coup de canon, dès le grand matin. « Le duc de La

(17)

Feuillade devint par là commandant de notre brigade et s'en acquitta avec distinction : il disparut, un moment après, et nous fûmes plus d'une demi-heure sans le revoir. C'est qu'il était allé faire sa toilette : il revint poudré et paré d'un beau surtout rouge fort brodé d'argent, et tout son ajustement et celui de son cheval étaient magnifiques. » Comment faisait-on pour ne pas aimer à servir sous de tels chefs ?

*
* *

Deux faits nous montrent à plein le caractère de Saint-Simon.

L'un est le procès que, l'année même de la mort de son père, en 1693, il soutint avec la plupart des ducs contre le maréchal de Luxembourg pour une question de préséance. Il a dix-huit ans, et c'est lui qui prend en mains la cause commune, gourmande ses anciens, consulte, chicane, en remontre aux plus vieux procureurs. En dépit de tout son zèle et, s'il faut l'en croire, de son bon droit, l'affaire prenait mauvaise tournure. On vint aux plaidoiries. Dumont, avocat de Luxembourg, plaidait, et, selon les apparences, il plaidait bien. Ce fut pour Saint-Simon une épreuve trop rude : il éclata. « Les ducs de Montbazon, La Trémoille, Sully, Lesdiguières, Chaulnes et La Force étaient sur le banc des gens du roi, et moi assis dans la lanterne entre les ducs de La Rochefoucauld et d'Estrées. Je m'élançai dehors, criant à l'imposture et justice de ce coquin. M. de La Rochefoucauld me retint à mi-corps et me fit taire. Je m'enfonçai de dépit plus encore contre lui que contre l'avocat. » Il perdit finalement son procès ; et il en attribua la mauvaise issue au premier président, Achille de Harlay. Cela nous a valu de ce magistrat ce portrait au vitriol : « Harlay était un petit homme maigre, à visage en losange, le nez grand et aquilin, des yeux de vautour qui semblaient dévorer les objets et percer les murailles ; un rabat et une perruque noire mêlée de blanc, l'un et l'autre guère plus longs que les ecclésiastiques les portent ; une calotte, des manchettes plates comme les prêtres et le chancelier. Toujours en robe, mais étriquée, le dos courbé, une parole lente, pesée, prononcée, une prononciation ancienne et gauloise, et souvent les mots de même, tout son extérieur contraint, gêné, affecté ; l'odeur hypocrite, le maintien faux et cynique, des révérences lentes et profondes, allant toujours rasant les murailles, avec un air toujours respectueux, mais à travers lequel pétillaient l'audace et l'insolence.... »

Saint-Simon ne peut s'empêcher de rendre hommage à ses grandes qualités de savoir, de labeur, d'application. Il conclut : « C'est un dommage extrême que tant de qualités et de talents naturels et acquis se soient trouvés destitués de toute vertu, et n'aient été consacrés qu'au mal, à l'ambition, à l'avarice, au crime. Superbe, venimeux, malin, scélérat par nature, humble, bas, rampant devant ses besoins, faux et hypocrite en toutes ses actions, même les plus ordinaires et les plus communes, juste avec exactitude entre Pierre et Jacques pour sa réputation, l'iniquité la plus consommée, la plus artificieuse, la plus suivie, suivant son intérêt, sa passion, et le vent surtout de la Cour et de la fortune. » Entendez par là qu'il n'avait pas jugé dans le sens des prétentions de Saint-Simon....

Pendant le procès, Saint-Simon s'était trouvé, un jour, au sermon, placé auprès de la maréchale de Luxembourg, qui le querella et par qui il se laissa quereller. Il se contenta de tracer au retour ce croquis en trois lignes : « Madame de Luxembourg ressemblait d'air, de visage et de maintien à ces grosses vilaines harengères qui sont dans un tonneau avec leur chaufferette sous elles. » C'est un homme qui avait toujours toute prête une sorte de vengeance qui n'était qu'à lui.

Saint-Simon apparaît dans cette affaire avec quelques-uns des traits qui le caractérisent : cet entêtement de son rang, cette obsession des questions d'étiquette dont on sait quelle place elles tiennent dans les *Mémoires* et de quels fastidieux détails elles les encombrent. Saint-Simon s'y était acquis une compétence incontestée et une autorité redoutable. C'était lui que l'on consultait pour savoir si l'on devait être assis ou debout, couvert ou découvert, sur un fauteuil ou sur un tabouret, à moins que ce ne fût sur un carreau. Il comptait le nombre des révérences, supputait la longueur des manteaux, et décidait qui devait draper ou ne point draper. « Le roi, qui avait voulu, à la mort de Monseigneur, que les personnes qui drapent lorsqu'il drape, drapassent... ne voulut point que personne drapât pour le Dauphin, excepté le duc et la duchesse de Berry. Comme leur maison drapait à cause d'eux, cela fit une question sur Mme de Saint-Simon qui prétendait ne point draper et eux désiraient qu'elle drapât. » Drapa-t-elle ou ne drapa-t-elle point ? Si cela vous est bien indifférent, n'en laissez rien soupçonner à Saint-Simon qui, pour vous punir, serait homme à vous draper de la belle manière.

Un autre trait dont nous sommes dès maintenant en possession, c'est cette impétuosité dont Saint-Simon nous fournira plus tard tant de preuves ; et c'est aussi cette manie qu'il avait, chaque fois que quelqu'un n'était pas de son avis, de l'accuser de scélératesse. Et le plus fort, c'est qu'il y croyait !

L'histoire de son mariage n'est pas moins significative, et c'est une histoire touchante. Sa mère le pressait de se marier. Il n'y avait pas de répugnance, mais il voulait se marier *à son gré....* Attendez de savoir ce qu'il entendait par cette expression et ne la prenez pas dans un sens frivole.... Son père étant mort, il se trouvait sans appuis à la Cour, où on ne s'élève qu'à condition d'être appuyé solidement. Il lui fallait un beau-père en situation de l'aider. Or il était lié avec le duc de Beauvilliers, un des plus honnêtes hommes de cette Cour et un des plus puissants, gouverneur du duc de Bourgogne, premier gentilhomme de la Chambre et ministre d'État. Beauvilliers avait huit filles. Saint-Simon lui en demanda une, n'importe laquelle, s'en remettant à lui du soin de choisir la jeune personne et de fixer la dot. Car, remarque Saint-Simon, « il voyait bien que ce n'était pas le bien qui m'amenait à lui, ni même sa fille, que je n'avais jamais vue, que c'était lui qui m'avait charmé et que je voulais épouser avec Mme de Beauvilliers. » C'était le beau-père qu'il voulait épouser et la belle-mère. Comme, pourtant, même à ces sortes de mariages, la fille est indispensable, le projet échoua. L'aînée des filles voulait être religieuse, la seconde était contrefaite, les autres étaient des enfants. Saint-Simon dut chercher ailleurs.

Il avait fait campagne sous les ordres du maréchal de Lorges, neveu de Turenne. Celui-là aussi était homme de grande vertu, et il n'avait que cinq filles, mais enfin il avait cinq filles. L'aînée, Gabrielle de Durfort de Lorges, était « blonde, avec un teint et une taille parfaite, un visage fort aimable, l'air extrêmement noble et modeste, et je ne sais quoi de majestueux par un air de vertu et de douceur naturelle.... » Saint-Simon demanda sa main et fut agréé. Le mariage eut lieu à l'hôtel de Lorges, le 8 avril, « que j'ai toujours regardé avec raison, dit Saint-Simon, comme le plus heureux jour de ma vie. » — Ai-je mis dans le récit de ces négociations matrimoniales quelque nuance d'ironie ? Je suis, croyez-le, bien loin de méconnaître ce qu'il y a d'austère grandeur dans cette conception du mariage où un jeune homme de vingt ans songe d'abord à la valeur morale et sociale de la famille à laquelle il associe la sienne, et met avant tout autre sentiment le souci de sa double responsabilité envers ceux qui l'ont précédé et ceux qui le suivront.

Voyez d'ailleurs comme la destinée se joue de nos calculs ! Le crédit de son beau-père ne fut d'aucun secours à Saint-Simon, et ne servit pas même à le faire brigadier. En revanche, il eut en la duchesse de Saint-Simon une épouse parfaite, de celles qui sont la bénédiction d'une maison. Il sut d'ailleurs comprendre son bonheur, — ce n'est pas un mince éloge ! — et il aima tendrement celle qui le lui apporta. Chaque fois qu'il en parle, c'est avec une profondeur de gratitude, avec une émotion dont l'accent ne trompe pas. Elle avait les qualités qui manquaient le plus à son mari, le bon sens, l'égalité d'humeur, l'indulgence. Elle conseillait, elle apaisait son fougueux compagnon ; elle lui épargna bien des erreurs de conduite ; elle atténua les conséquences de plus d'une incartade. Ainsi elle remplit divinement son rôle de femme : celui de pieuse auxiliaire et de réparatrice.

*** ***

Depuis qu'il a quitté l'armée, Saint-Simon n'est plus rien qu'un courtisan. Donc, il mène à Versailles la vie du courtisan, qui consiste à graviter autour du Maître, le saluer le matin à son lever, se trouver sur son passage quand il va à la messe, se faire voir de lui quand il entre au Conseil ou quand il en sort, assister debout à son dîner, l'accompagner à la promenade, le suivre à Marly ou à Fontainebleau, se retrouver le soir au jeu du Roi, au souper du Roi, au coucher du Roi où la chance pouvait vous advenir d'être désigné pour tenir le bou geoir : « on ôtait son gant, on s'avançait, on tenait ce bougeoir pendant le coucher qui était fort court, puis on le rendait au premier valet de chambre »; c'était une faveur insigne et qui ne s'accordait qu'aux personnages de distinction.

Je ne vous montrerai pas aujourd'hui Saint-Simon à la Cour de Louis XIV non plus qu'à la Cour du Régent, puisque c'est un sujet sur lequel nous aurons occasion de nous étendre à loisir. Il est pourtant un point que je veux préciser tout de suite. A lire les *Mémoires*, on serait tenté de croire que Saint-Simon fut persécuté par Louis XIV, par Mme de Maintenon, par les ministres et par les jésuites. Il n'en est rien. Louis XIV lui témoigna de la bonté en plusieurs circonstances, et d'abord à l'occasion de la mort de son père. Saint-Simon apprit la triste nouvelle en revenant du coucher du Roi « qui se purgeait le lendemain ». Il donna la nuit aux effusions d'une douleur sincère, et la matinée à des préoccupations d'un autre ordre. Il était à la première heure chez Beauvilliers, qui fut chargé de demander au Roi, en ouvrant son rideau, la survivance des gouvernements du défunt duc pour son fils. Le roi l'accorda et y eut quelque mérite, puisque l'un des compétiteurs de Saint-Simon était d'Aubigné, le propre frère de Mme de Maintenon. Saint-Simon s'approcha du lit et fit son remerciement. « Le Roi me demanda fort comment le malheur était arrivé, avec beaucoup de bonté pour mon père et pour moi : il savait assaisonner ses grâces.... » Peut-être trouvez-vous que Saint-Simon n'avait pas perdu de temps. Mais, à toutes les époques et sous tous les régimes, ç'a été la coutume de se presser quand il s'agit de briguer une succession, une charge, ou un fauteuil.

Il est vrai que Saint-Simon vit à deux reprises s'assombrir le visage du Maître ; mais il faut avouer qu'il avait fait tout ce qu'il fallait pour cela : d'ailleurs, le nuage se dissipa promptement.

Une première fois, ne s'était-il pas avisé d'empêcher les duchesses de quêter pour les pauvres à la messe du roi? Il avait organisé la grève des quêteuses. Le droit de grève n'était pas encore reconnu : le roi se fâcha, se plaignit de l'importun qui ne songeait qu'à « étudier les rangs et faire des procès à tout le monde ». Le mot fut rapporté à Saint-Simon. Il demanda une audience pour se disculper. Il parlait bien et il le savait ; il parlait avec éloquence, comme font les hommes passionnés : on a remarqué qu'ils ont le style périodique. Il trouva le roi « l'air sévère » et « le ton d'un maître fâché » ; il lui coupa la parole, éleva la voix par-dessus la sienne ; il raisonna, il argumenta et fit si bien que le roi, radouci, puis charmé, lui répéta que « c'était là comme il fallait penser et parler ». Concluez qu'il avait su tenir le langage du parfait courtisan.

L'autre fois, ce fut plus grave. Saint-Simon s'était mêlé des intrigues de Cour. Il était de l'opposition. Il avait des vues et elles étaient subversives. Il faisait des mots et il les faisait cruels. Comme il sentait venir la disgrâce, il songeait à quitter la Cour : la sage Mme de Saint-Simon l'en dissuada et l'envoya plaider sa cause auprès du roi. Ce fut le samedi 4 janvier 1710, le matin, avant la messe, dans le cabinet du roi. Saint-Simon trouva le roi profondément « irrité », et comme il se plaignait qu'on l'eût calomnié : « Mais aussi, monsieur, répliqua le roi, c'est que vous parlez et que vous blâmez : voilà ce qui fait qu'on parle contre vous. » Une fois de plus son éloquence le sauva. La réconciliation fut complète. C'est depuis lors que Saint-Simon fut de tous les Marlys.

Même il est en faveur. Louis XIV lui sait gré d'être pour son neveu, le duc d'Orléans, le meilleur des conseillers. Saint-Simon a détaché le duc d'Orléans d'une liaison publique et dont le scandale était grand. Il a fait le mariage de la duchesse de Chartres, fille du duc d'Orléans, avec le duc de Berry, petit-fils de Louis XIV. En manière de récompense, le roi nomma Mme de Saint-Simon dame d'honneur de la nouvelle duchesse de Berry, avec appartement au château.

Ah ! cet appartement ! C'était leur rêve à tous : un appartement dans la demeure royale vers laquelle convergeaient tous les regards, où aboutissaient toutes les nouvelles, d'où partaient toutes les grâces ! Saint-Simon n'avait encore eu à Versailles que des logis de fortune : il campait dans une chambre que lui prêtait le chancelier Pontchartrain, ou encore il empruntait l'appartement de son jeune beau-frère, le duc de Lorges. A partir de 1710, il a son appartement à lui, situé dans l'aile neuve du château, de plain-pied avec la tribune de la chapelle, un des appartements les plus convoités, dont il nous a donné une description complai-

sante... et qui fait frémir ! Car il est bien vrai
que, sur les cinq pièces dont il se composait,
trois avaient des fenêtres ; mais les autres,
entresolées et obscures, se compliquaient encore
d'arrière-cabinets qui ne prenaient leur jour et
leur air que sur ces trous noirs. Saint-Simon
ajoute avec satisfaction : « Ces arrière-cabinets
avaient une porte et des fenêtres qui, étant fer-
mées, ne paraissaient point du tout et laissaient
croire qu'il n'y avait rien derrière. J'avais dans
mon arrière-cabinet un bureau, des sièges, des
livres et tout ce qu'il me fallait ; les gens fort
familiers qui connaissaient cela l'appelaient ma
boutique, et en effet cela n'y ressemblait pas
mal. » Saint-Simon passait chaque jour dans cette
« boutique » de longues heures, et les gens fort
familiers eux-mêmes, ignorant à quoi il les employait, s'en montraient fort intrigués.

Ajoutez que Saint-Simon est en bonnes relations avec les ministres et secrétaires d'État,
Beauvilliers et Chevreuse, Chamillart et Pontchartrain ; quand ses affaires se gâtent, c'est le
propre directeur de conscience de Mme de Maintenon qui lui rend le service de l'avertir ; quand
il s'agit pour lui d'une ambassade à Rome, ce
sont les jésuites qui soutiennent sa candidature.
Non, ce n'est pas un persécuté. Louis XIV, c'est
un fait, ne lui donna aucune des grandes charges
de Cour, et aucune part dans le gouvernement
Mais sans doute il ne le jugeait pas apte à ces

sortes d'emplois. Or, il se connaissait en hommes, et ce qui prouve qu'il ne s'était pas trompé sur les aptitudes politiques de Saint-Simon, c'est le rôle que joua celui-ci pendant la Régence.

Saint-Simon est l'ami du Régent. Il est au pouvoir : quelle figure va-t-il y faire? La plus piètre. Au conseil de Régence, son action est à peu près nulle. Il refuse la présidence du Conseil des Finances, sous prétexte qu'il n'est pas un calculateur ; et ici le mot de Beaumarchais n'aurait pas eu son application. Il refuse la place de garde des sceaux et celle de gouverneur de Louis XV. On lui a tout offert ; il a tout refusé, sauf une ambassade en Espagne, purement décorative et de parade. Si donc alors il n'a pas eu plus de part aux affaires, ce n'est pas qu'on l'en ait écarté, mais c'est en raison d'une incapacité foncière dont il fut le premier à se rendre compte — et dont il n'eut que plus de dépit.

A la mort du Régent, 1723, la carrière politique de Saint-Simon est terminée. Il a quarante-huit ans ; il lui reste à vivre de longues années, — il est mort à quatre-vingts ans, — de ces douloureuses années, où tout ce qui arrive est un chagrin nouveau qui s'ajoute aux autres chagrins. Dans la vie publique, il assiste au triomphe de ses rivaux ou de ses ennemis. Dans la vie domestique, il est assailli de tristesses et de déboires.

Saint-Simon avait une fille « petite, contrefaite et affreuse... ». Le prince de Chimay, qui, lui aussi, voulait un beau-père sur qui s'appuyer, la lui demanda en mariage, et lui aussi sans l'avoir vue. Saint-Simon lui traça, paraît-il, de sa fille un portrait à faire peur. On peut se fier à lui. Le prince de Chimay était brave : il épousa. Mais c'était un dissipateur : il abandonna promptement sa femme. Quant aux deux fils de Saint-Simon, ils avaient hérité de sa petite taille : on ne les appelait à la Cour que « les deux bassets, » ce qui est rude à l'orgueil d'un père. Il eut beau les pousser, leur acheter des régiments, tous deux de cavalerie et gris, faire l'un grand d'Espagne et l'autre chevalier de la Toison d'Or : il n'en put rien faire.

Et quels mariages ! L'aîné, le duc de Ruffec, épousa la nièce du duc de Noailles, un homme que Saint-Simon exécrait, et à qui il refusait le salut ! Le cadet, le marquis de Ruffec, épousa la fille du secrétaire d'État, d'Angervilliers, ministre de la guerre, la fille d'un de ces ministres en qui Saint-Simon voyait la honte du régime ! Cependant que son beau-frère, le duc de Lorges, épousait en secondes noces la fille du président de Mesmes, en sorte que Saint-Simon s'en alla dîner chez un de ces robins du Parlement et reçut un premier Président à sa table ducale ! Il survécut à ses fils. Il survécut à sa femme, la compagne bien-aimée de toute sa vie ; et depuis qu'il l'eut perdue, il n'eut plus qu'un souhait : c'était de la rejoindre là où, dit-on, nous ne souffrirons plus.

Déchirement de cœur, cette perte fut en outre pour lui un désastre. C'était la duchesse de Saint-Simon qui administrait la fortune très embarrassée de son mari, l'homme le moins entendu qu'il y ait jamais eu en affaires financières. Bientôt il se trouva perdu de dettes. Il devait à tout le monde, au tailleur et au boulanger, et comme il n'était pas Don Juan, il n'éprouvait nul plaisir à berner M. Dimanche. D'ailleurs il ne passait plus que quelques mois de l'année à Paris, où l'hôtel familial n'était plus en sa possession : de la rue des Saints-Pères à la rue Saint-Dominique et de la rue Saint-Dominique à la rue de Grenelle, il fut déjà, comme nous sommes tous aujourd'hui, le Parisien errant. Il ne se retrouvait lui-même que dans son donjon féodal de la Ferté-Vidame, derrière ses fossés, ses remparts et ses tours, dans le vieux château délabré où se voyait, dans chaque pièce, un portrait de Louis XIII. C'est là qu'il remâchait les amertumes et les rancœurs de sa vie manquée. Quand il mourut, en 1755, il y avait longtemps qu'il était hors du monde.

Ai-je réussi à faire pénétrer en vous, et de façon que vous ne puissiez plus l'oublier, la sensation de ce morne désespoir qui fut l'habituel état d'esprit de Saint-Simon, pendant trente années d'âpre et poignante détresse ?

*_**

Nous n'avons de Saint-Simon aucun portrait intéressant : le seul qui nous soit parvenu et qui est attribué à Van Loo est sans nul caractère. Il me semble pourtant qu'on peut assez bien se le représenter tel que l'ont connu ses contemporains, et que si l'un d'eux avait tracé de Saint-Simon un portrait, — *à la manière de Saint-Simon,* — il aurait pu dire :

C'était un petit homme maigre, mal fait, à figure chétive, à physionomie d'esprit. Le visage tout en angles, le nez droit, des lèvres serrées, rentrées, contractées, le teint brouillé par la bile, les dents qui riaient jaune. Des yeux brillants de vie et d'un feu qu'on avait peine à soutenir, qui étincelaient, pétillaient, dévoraient, parfois lançant l'insulte et le défi jusque dans les moelles, et qui, de leurs regards assénés et forlongés avec persévérance, fouillaient les âmes et violaient les consciences.

Le dehors tourmenté, ravagé. Au dedans, toutes les passions, l'orgueil, le dépit, la vanité, la rancune, l'amour-propre et la haine se disputaient à à qui en resterait la maîtresse. Impétueux, violent, et tout de suite allant aux extrêmes, enragé sur ses prérogatives, cruel aux défauts et à trouver et donner des ridicules, querellant tout le monde, jusqu'au Roi, qu'il était homme à faire taire, et jus-

qu'au Régent, sur qui il tirait à boulets rouges; mais quand même courtisan, attentif à ne **pas** déplaire et ménageant les ministres.

Parfaitement honnête homme, loyal, ami fidèle et reconnaissant, désintéressé et magnifique, méprisant l'argent et donnant sans compter, surtout d'une piété exemplaire à laquelle il conformait toute sa conduite. Il vécut dans l'union la plus touchante avec sa femme, qu'il ne se consola pas d'avoir perdue, et désormais devint solitaire et sauvage. Très instruit, une mémoire heureuse, une vaste lecture dont il n'avait jamais rien oublié, une conversation enchanteresse, la plus fournie de faits du passé, d'anecdotes et de traits de mœurs, et aussi la plus pleine de vues et d'idées qui lui étaient particulières, exprimant fortement ses sentiments en des termes qu'il choisissait propres à ce qu'il voulait dire sans s'embarrasser s'ils étaient bien français.

C'est dommage qu'avec de si belles qualités il en ait tiré si peu de parti. Mais, au lieu de se pousser sur le devant du théâtre et de s'élever par des emplois de Cour, il préféra s'enfoncer dans sa boutique où il s'amusait à de vaines écritures dont on dit qu'il a laissé tout un fatras. Aussi la postérité ignorera son nom.

Car les contemporains n'avaient pas lu une ligne des *Mémoires*.

DEUXIÈME CONFÉRENCE

QUELLE CONFIANCE MÉRITENT LES *MÉMOIRES* DE SAINT-SIMON?

II. — QUELLE CONFIANCE MÉRITENT LES *MÉMOIRES* DE SAINT-SIMON ?

LES contemporains de Saint-Simon ont connu le mousquetaire gris et le mestre de camp du régiment de Royal Roussillon ; ils ont connu le courtisan de la Cour de Louis XIV et le conseiller du Régent, le grand seigneur processif et le solitaire du château de la Ferté-Vidame. Ils n'ont pas connu l'auteur.

Auteur, il se cachait de l'être, mais il l'était par-dessus tout et plus que tout, par essence et par définition, par nature et par destination. C'est cela que je voudrais vous montrer aujourd'hui, et pour la suite de nos études, j'attache à cette démonstration une importance essentielle. Je voudrais vous montrer en Saint-Simon l'auteur-né, — car il en va dans le monde des lettres de même que dans le monde : on y distingue ceux qui sont nés et ceux qui ne le sont pas, ceux pour qui leur noblesse est chose acquise et ceux qui ont apporté leur littérature avec eux, — l'artiste créé par un décret nominatif de la Providence pour puiser autour de lui des matériaux et les convertir en art, l'homme de lettres qui a vécu pour la littérature et par elle et à qui sa littérature est entrée dans le sang.... A mon avis, la clé des *Mémoires* est là et non pas ailleurs.

* *

Né observateur, Saint-Simon a toujours observé, et en toute occasion, depuis sa jeunesse, depuis son enfance. Il a toujours regardé autour de lui de ce regard qui est une prise de possession de la réalité et va droit au trait qui en prépare la transposition artistique.

Il avait onze ans quand il assista à l'inauguration de la statue de Louis XIV, sur la place des Victoires. Et déjà, devant « cette païenne dédicace où le Roi prit un plaisir si exquis, » il notait sur le visage du monarque cet orgueil, cette idolâtrie de soi-même, dont il fera plus tard l'idée maîtresse de son portrait de Louis XIV, le trait caractéristique de la statue qu'il lui élèvera, lui aussi et à sa manière, dans les *Mémoires*.

Il avait seize ans à la mort de Louvois. Le hasard voulut qu'il se trouvât à Versailles le jour où on y apprit la mort du ministre. Le hasard fit bien les choses, ce jour-là ; mais il sait ce qu'il fait, et tient en réserve de telles faveurs pour ceux-là seuls qui peuvent en profiter. « Je voulus voir la contenance du roi à un événement de cette importance. J'allai l'attendre et le suivis toute sa promenade. Il me parut avec sa majesté accoutumée, mais avec je ne sais quoi de leste et de délivré qui me surprit. » Un officier, que le roi d'Angleterre envoya de Saint-Germain, étant venu faire son compliment de condoléance, « Monsieur, lui répondit le roi d'un air « et d'un ton plus que dégagés, faites mes com- « pliments et mes remerciements au roi et à la « reine d'Angleterre, et dites-leur de ma part « que mes affaires et les leurs n'en iront pas « moins bien. » L'officier fit une révérence et se retira, l'étonnement peint sur le visage et dans tout son maintien. J'observais curieusement tout cela.... » Quel raccourci d'histoire ! Et comme à ce je ne sais quoi de leste et de délivré, à « cet air et ce ton plus que dégagés » on sent de quel poids l'autorité de son tout-puissant ministre pesait au monarque ! Voilà ce que Saint-Simon observait si curieusement !

Il avait dix-sept ans au mariage du futur duc d'Orléans, alors duc de Chartres, fils de Monsieur et neveu de Louis XIV, avec sa cousine de la main gauche, Mlle de Blois, l'une des filles de Louis XIV et de la Montespan. Encore une admirable occasion et qui mit tout de suite en éveil le flair du curieux : « Il m'en avait depuis

quelques jours transpiré quelque chose, et, comme
je jugeai bien que les scènes seraient fortes, la
curiosité me rendit fort attentif et assidu ». Vous
surprenez le guetteur à la minute même où il se
met à l'affût ! Cette fois sa curiosité va s'élargir
et se diversifier, se porter de l'un à l'autre des
acteurs de la scène, épier chaque attitude et l'air
de chaque visage. La plus opposée au mariage était
Madame, la Palatine. Elle avait fait jurer à son
fils qu'il dirait non. Le duc de Chartres avait
dix-huit ans ; il avait peur de son terrible oncle :
il dit oui. C'est alors que le roi fit appeler Madame :
« Elle lança deux regards furieux à Monsieur et
à Madame de Chartres, dit que, puisqu'ils le
voulaient bien, elle n'avait rien à dire, fit une
courte révérence et s'en alla chez elle. Monsieur
son fils l'y suivit incontinent, auquel, sans donner
le moment de lui dire comment la chose s'était
passée, elle chanta pouilles avec un torrent de
larmes et le chassa de chez elle. » Cela commençait bien.

Le soir, il y eut appartement, — c'est-à-dire
réunion et jeu dans le salon qui ouvrait sur
la grande galerie ; — le mariage y fut déclaré.
« J'arrivai dans ces premiers instants, je trouvai
le monde par pelotons et un grand étonnement
régner sur les visages. Madame se promenait
dans la galerie avec Chateauthiers, sa favorite
et digne de l'être ; elle marchait à grands pas,
son mouchoir à la main, pleurant sans contrainte,

parlant assez haut, gesticulant et représentant
bien Cérès après l'enlèvement de sa fille Proser-
pine, la cherchant en fureur et la redemandant
à Jupiter.... » Saint-Simon observe que Monsieur
est tout honteux, son fils tout désolé, sa future
tout embarrassée et les Lorrains, dont c'était
l'œuvre, triomphants. D'autres ont-ils trouvé le
temps long, à cet appartement, et en ont-ils
péniblement subi la gêne et la contrainte ? Saint-
Simon le trouva « court dans sa durée ordinaire, »
comme aussi bien le souper du roi, « duquel
il ne voulut rien perdre ». « Le roi y parut tout
comme à son ordinaire. M. de Chartres était
auprès de Madame qui ne le regarda jamais,
ni Monsieur. Elle avait les yeux pleins de larmes
qui tombaient de temps en temps et qu'elle
essuyait de même.... M. son fils avait aussi les
yeux bien rouges, et tous deux ne mangèrent
presque rien.... Il fut encore fort remarqué qu'au
sortir de la table... le roi fit à Madame une révérence très marquée et basse, pendant laquelle
elle fit une pirouette si juste que le roi, en se
relevant, ne trouva plus que son dos.... » Le lendemain, on alla, comme à l'ordinaire, à l'heure
de la messe, attendre le passage du roi, dans la
grande galerie. « Madame y vint. M. son fils
s'approcha d'elle, comme il faisait tous les jours,
pour lui baiser la main En ce moment, Madame
lui appliqua un soufflet si sonore qu'il fut entendu
de quelques pas et qui, en présence de toute la

Cour, couvrit de confusion ce pauvre prince, et
combla les spectateurs, dont j'étais, d'un prodigieux étonnement. » C'est ainsi, et parce que
Saint-Simon était au nombre de ces spectateurs
prodigieusement étonnés, que ce soufflet sonore
entra dans l'histoire.

Comme il a toujours regardé, Saint-Simon a
toujours écouté, de cette oreille fine, intelligente,
qui perçoit l'accent et les nuances propres à donner le ton au futur récit ; il a toujours écouté,
avec cette attention interrogative qui provoque
les confidences et met le narrateur en verve. Cela
fit, par exemple, que tout enfant il n'eut pas la
sensation d'être en exil parmi les vieux amis de
son vieux père ; au contraire, il s'en approchait
pour en tirer les souvenirs directs, les anecdotes
originales de l'époque Louis XIII, où sans cesse
revenait leur vieillesse conteuse.

Et il a toujours écrit. Nous avons de lui un
curieux morceau qui date de sa quinzième
année. C'est la relation des « Cérémonies obser-
vées en l'église de l'abbaye royale de Saint-Denis
aux funérailles de Marie-Anne de Bavière, dauphine de France, par Louis de Saint-Simon,
vidame de Chartres, qui y fut présent. » Un
maître des cérémonies n'aurait décrit ni mieux
ni si bien le cérémonial, les costumes et les
préséances. Mais, sans doute, aucun autre que
Saint-Simon ne pouvait noter comme il l'a fait
l'incident qui se produisit quand Madame, « ayant

reçu un cierge de cire blanche allumé et rempli
de quantité de demi-louis d'or, » le passa à Bossuet, qui le passa à un des aumôniers. « Là-dessus
il s'élève une dispute entre les aumôniers et les
moines, voulant les uns et les autres avoir l'argent
attaché au cierge, et recevoir le dit cierge des
mains de l'évêque de Meaux, et la dispute
s'échauffa tellement que ces gens pensèrent se
battre et rompirent le cierge à deux ou trois
endroits pour avoir l'argent y attaché, tellement
que, dans ce débat, la mitre de l'évêque de Glan-
dèves tourna dessus sa tête et fût tombée si ce
prélat n'y eût porté les mains. » A ce trait de
réalisme qui soudain vient déranger l'ordonnance
majestueuse d'une cérémonie et nous fait apercevoir dans un beau visage la verrue qui le
dépare, nous avons reconnu le Saint-Simon des
Mémoires.

*
* *

C'est à dix-neuf ans, en campagne, que Saint-
Simon commença ses *Mémoires.* « Je les com-
mençai en juillet 1694, étant mestre de camp
d'un régiment de cavalerie de mon nom, dans le
camp de Guinsheim sur le vieux Rhin, en l'armée
commandée par le maréchal duc de Lorges. »
Réjouissons-nous qu'il ait ainsi employé les loisirs
de la vie de camp ; mais ne nous étonnons pas
trop si le régiment de cavalerie de son nom était

mal tenu, ce qui lui attira une « forte et dure réprimande », quand Villars en passa la revue dans ce mois de juillet 1694, et ce qui ne fut sans doute pas sans influence sur la fameuse démission de Saint-Simon, non plus que sur l'opinion qu'il eut des talents militaires de Villars. Peut-être ne faut-il pas que les officiers fassent trop de littérature. Mais quel signe plus évident d'une vocation que d'avoir commencé avant la vingtième année ce qui sera l'œuvre — et l'œuvre unique — de toute une vie ?

Bien sûr, Saint-Simon n'en est pas encore à « rédiger » ses *Mémoires*. Les *Mémoires* ne sont pas un journal, œuvre amorphe, fragmentaire, sans unité, à la merci du jour et de l'heure : ils seront une œuvre d'art. Et c'est la définition même de l'œuvre d'art qu'elle soit composée d'une seule haleine, d'après une idée maîtresse, créatrice et plastique, par un auteur qui possède son sujet et qui le domine. Aussi ne se mettra-t-il à la rédaction définitive que plus tard, très tard, dans les dernières années de sa vie. Il lui suffit, pour le moment, d'amasser des matériaux, de prendre des notes, de regarder et de s'informer. Et c'est merveille de voir avec quelle persévérance, quelle suite dans la volonté et quel dévouement à son œuvre, il poursuit ce travail d'enquête.

Désormais, à Versailles, à Marly, à Meudon, à Saint-Cloud, à Paris, sur le premier bruit que

quelque chose va se passer, il accourt : « J'étais
chez le roi, le mardi 30 mars, lorsqu'à la fin du
souper je vis arriver Mme de Soubise ; je m'appro-
chai aussitôt pour entendre la scène. » Ailleurs :
« Tout ce qui était à Marly était dans les salons,
attendant le choix du général qu'on voyait bien
qui s'allait déclarer. Ma curiosité m'y porta
comme les autres. » Ces indications se retrouvent
à chaque page dans les *Mémoires*, et il n'y aurait
pas d'intérêt à les multiplier ; mais en voici une
dont vous goûterez la saveur et qui en dit long.
Le tsar Pierre le Grand se trouvait à Paris, le
15 juin 1717. Saint-Simon était alors du Conseil
de régence. « Travaillant ce jour-là avec M. le duc
d'Orléans, je finis en une demi-heure : il en fut
surpris et voulut me retenir. Je lui dis que
j'aurais toujours l'honneur de le trouver, mais
non le tsar qui s'en allait, que je ne l'avais point
vu et que je m'en allais chez d'Antin bayer tout
à mon aise.... » Il y va. On veut le présenter au
tsar ; il refuse : « parce que je voulais le regarder
tout à mon aise, le devancer et l'attendre tant
que je voudrais pour le bien contempler, ce que
je ne pourrais plus faire si j'en étais connu.... Je
fus là près d'une heure à ne le point quitter
et à le regarder sans cesse. Sur la fin, je vis qu'il
le remarquait : cela me rendit plus retenu. »
N'est-ce pas là une de ces anecdotes qui pei-
gnent un caractère ? Et n'est-on pas renseigné
sur Saint-Simon, — sur l'homme d'État et sur

l'homme de lettres qui sont en lui, si inégale-
ment, et sur la subordination du premier au
second, — quand on le voit sacrifier ainsi les
affaires d'État à sa besogne d'acharné reportage ?

Quoi qu'on fasse, on a beau être partout, on
voit moins de choses qu'il ne s'en passe, moins
même qu'on n'en apprend par ouï-dire. Comme
il est aux aguets de tous les spectacles, Saint-
Simon est aux écoutes de tous les on-dit. Il a
organisé pour les besoins de sa tâche un merveilleux « service d'informations ». Ici encore je
n'aurai garde d'énumérer tous ceux par qui
Saint-Simon est renseigné de première main : ils
sont trop ! Il est intimement lié avec les ducs de
Chevreuse et de Beauvilliers, avec Chamillart,
avec le Chancelier et son fils Pontchartrain, avec
Torcy, avec le P. Tellier, confesseur du roi ; le
duc d'Orléans, son compagnon de toujours, n'a
pas de secrets pour lui. Il s'informe auprès des
jeunes femmes qui entourent les duchesses de
Bourgogne et de Berry. « Je finissais d'ordinaire
mes journées par aller, entre onze heures et mi-
nuit, causer avec les filles de Chamillart où j'ap-
prenais souvent quelque chose. » Il fait parler les
médecins et les valets de chambre, Maréchal et
Bontemps, Bloin, Dumont et Du Chesne. Ils
sont légion, ces informateurs de Saint-Simon !

Je voudrais seulement, ici encore, souligner
quelques traits significatifs. Louville, qui avait
accompagné le duc d'Anjou en Espagne, arrive

à Fontainebleau. Saint-Simon fait avec lui le tour du canal : « Au retour, nous prîmes Mme de Saint-Simon et l'archevêque d'Arles, depuis cardinal de Mailly, et nous nous en allâmes d'un trait à Paris en relais. Je fus ravi de la promenade pour m'entretenir avec lui plus à mon aise de choses particulières et, dans le chemin de Paris, je lui fis tant d'autres questions qu'il arriva sans voix et ne pouvant plus parler. » Voilà le questionneur infatigable. La princesse des Ursins, tombée du haut de sa toute-puissance, — et à la chute de qui Saint-Simon n'a pas été étranger, — arrive à Paris. Saint-Simon s'enferme avec elle et la fait causer huit heures durant. Ailleurs, il nous conte qu'il y a à la Cour trois cabales, et qu'il a des intelligences dans chacune. « Je me suis donc trouvé toujours instruit journellement de toutes choses par des canaux purs, directs et certains, et de toutes choses grandes et petites. Ma curiosité, indépendamment d'autres raisons, y trouvait fort son compte. » Singulier cabaleur qui, à louvoyer parmi les cabales, ne cherche de profit que pour sa curiosité ! Singulier ambitieux qui, des ministres qu'il fréquente, attend, non des grâces, des faveurs et des emplois, mais des renseignements !

Ces renseignements qu'il a recueillis pendant le jour, chaque soir il en fait le compte, il les classe. C'est à ce travail qu'il se livre dans la solitude et dans le mystère de ces arrière-

cabinets, où il s'enferme comme l'avare qui serre
son trésor, ou comme l'alchimiste qui transforme
la matière brute en approchant d'elle une flamme
— qui est ici la flamme du génie.

** **

Saint-Simon a toujours observé, il s'est toujours informé. Que vaut son observation, qui
vaut son information, puisqu'un même fait
vu par dix personnes est vu de dix manières
et que chacun de nous, dans la nouvelle qu'on
lui raconte, entend une nouvelle différente.
Un point ne peut être contesté : la sincérité
de Saint-Simon est entière, sa bonne foi absolue.
De toute son âme, il a voulu dire la vérité. J'en
ai pour gage sa parole d'honnête homme, et
l'un des plus honnêtes que l'on sache. En
vingt, en cinquante endroits de ses *Mémoires*,
Saint-Simon affirme sa volonté d'être étroitement véridique : nous ne pouvons la mettre en
doute. Au surplus, elle nous est garantie par les
scrupules du chrétien qui, à deux reprises, a posé
nettement la question devant sa conscience.

En tête des *Mémoires*, on lit une lettre adressée,
en 1699, par Saint-Simon, alors âgé de vingt-
quatre ans, à l'abbé de Rancé. Il lui explique
qu'il travaille à des espèces de Mémoires de sa
vie et qu'il s'y est proposé une exacte vérité
c'est cela même qui l'inquiète, car il s'est

« lâché à la dire bonne et mauvaise, toute telle qu'elle lui a semblé sur les uns et les autres ». L'ouvrage grossit ; il se sent « quelque complaisance de le laisser après lui » et ne voudrait pas être exposé, plus tard, à le brûler « à cause de tout ce qu'il y a contre la réputation de telles gens, et cela d'autant plus irréparablement que la vérité s'y rencontre tout entière, et que la passion n'a fait qu'animer le style ». C'est pourquoi il lui en soumet un morceau, la relation du procès contre Luxembourg, et lui demande « une règle pour dire toujours la vérité sans blesser sa conscience ». Apparemment Rancé calma ses scrupules. Je sais bien que devant une vocation si impérieuse les scrupules ont de grandes chances d'avoir tort. Mais quand les disputeurs s'appellent Rancé et Saint-Simon, je ne puis croire qu'ils ne soient pas allés jusqu'au fond du débat.

L'autre circonstance où Saint-Simon s'est interrogé sur les droits et les devoirs de l'historien est plus grave encore et plus émouvante. C'est en 1743. Saint-Simon touche à la fin de son œuvre et de sa vie. Il vient de perdre sa femme. Pendant six mois, il fut dans l'incapacité de travailler. C'est alors que se réveillent, dans son âme en détresse, les scrupules endormis. Il a soixante-huit ans : il vient d'éprouver une de ces secousses morales qui nous font juger toutes choses à leur vrai prix et toucher le néant de beaucoup. C'est un de ces moments où on ne se leurre pas soi-même. Il jette alors sur le papier cette consultation, qu'on a coutume de placer au seuil des *Mémoires*, en guise d'Introduction : *Savoir s'il est permis d'écrire et de lire l'histoire, singulièrement celle de son temps.*

Saint-Simon se demande : « Un chrétien, et qui veut l'être, peut-il écrire et lire l'histoire? » L'histoire, ce ne sont pas les faits, — on a dit : il n'y a rien de bête comme un fait, — c'est ce qui les explique : les caractères, les intrigues, les cabales. « Mais la charité peut-elle s'accommoder du récit de tant de passions et de vices, de la révélation de tant de ressorts criminels, de tant de vues honteuses et du démasquement de tant de personnes pour qui, sans cela, on aurait conservé de l'estime, ou dont on aurait ignoré les vices et les défauts? » Saint-Simon se remit au travail et acheva son œuvre. M. Lecestre me signale qu'à un endroit du manuscrit original se trouve une ligne où sont dessinées des larmes, comme on les représentait sur les tentures funèbres avec une croix au milieu. Saint-Simon a dû vouloir symboliser par là le deuil intime qui lui avait fait interrompre son travail et l'espérance qui le lui fit reprendre. Je ne doute pas de la sincérité d'un récit mis sous l'invocation des deux sentiments les plus profonds qu'il y ait au cœur de l'homme : la Douleur et la Foi.

*
* *

Seulement la sincérité est une chose et la véracité en est une autre. Saint-Simon n'a pas voulu nous tromper ; mais ne s'est-il pas trompé? Il est de bonne foi : ne s'est-il pas trompé de bonne foi? Entre son regard et l'objet de sa vision, rien ne s'est-il interposé? Est-il sans parti pris? Est-il sans passion ? Ou plutôt, parce que a question ainsi posée paraîtrait d'une naïveté excessive, quels sont les partis pris qui ont influé sur son témoignage, quelles sont les passions qui lui ont fait prendre des chimères pour des réalités et voir dans des créations imaginaires autant d'images du vrai?

D'abord, le parti pris du duc et pair. C'est, chez Saint-Simon, la passion dominante, et il ne s'en cache pas. « Ma passion la plus vive et la plus chère est celle de ma dignité et de mon rang. Ma fortune ne va que bien loin après et je la sacrifierais et présente et future avec transport de joie pour quelque rétablissement de ma dignité. » Cela est à la base de presque tous les actes, de presque toutes les opinions et tous les jugements de Saint-Simon. Il en veut à Louis XIV qui exclut les ducs et pairs des grandes charges du royaume ; il en veut au Parlement dont l'insolence insupportable ne cesse d'empiéter sur les privilèges des ducs et pairs ; il en veut aux ministres et aux financiers devant qui les ducs et pairs sont maintenant obligés de s'humilier en sollicitations et quémanderies. Et il en veut aussi à toute une partie de la noblesse qui ne reconnait pas la suprématie des ducs et pairs ; il en veut aux maisons rivales de la sienne, à ceux qu'il appelle les « princes étrangers », les Rohan, les Bouillon, la maison de Lorraine ; enfin il en veut aux ducs et pairs qui ne mettent pas à défendre leurs communes prérogatives le même acharnement que lui. « Leurs rangs, ils laissent tout usurper à chacun, personne n'ose dire mot…. On n'oserait dire que voilà des valets. » Ainsi le duc de Saint-Simon, parce qu'il est duc et pair, rompt en visière à tout le genre humain.

On a tout dit sur l'étroitesse de ce parti pris et sur le ridicule de ces querelles de préséance. Étroitesse et ridicule, j'en conviens : toutefois n'ayons garde de nous en tenir à cette condamnation sommaire. Chez Saint-Simon, si trop souvent la mesquinerie voisine avec la plus incontestable élévation de sentiments, presque toujours aussi la grandeur est à côté de la petitesse : il faut voir l'une et l'autre. En entrant dans cette caste où ils sont des nouveaux venus, les Saint-Simon, par orgueil et joie d'en être, en ont revêtu l'âme profonde. Or quelle est à cette date la situation de la vieille aristocratie féodale ? Elle a eu, lors de la Fronde, un dernier sursaut : elle l'a payé du peu d'indépendance qui lui restait : elle n'a plus d'autre perspective qu'une servitude dorée. Ces grandes oscillations de l'histoire se font avec lenteur, mais un instant arrive où elles s'achèvent dans une crise toujours douloureuse Cette aristocratie qui pendant des siècles a marché en avant sur les grandes routes de la politique, de l'administration et des guerres, va être réduite au rôle d'une noblesse d'antichambre et de parade. Elle sait dès maintenant que cette déchéance est inévitable, mais elle ne s'y résigne pas encore. Elle en souffre. C'est cette sensibilité collective qui s'émeut au fond du cœur de Saint-Simon : il souffre d'une souffrance de classe.

Allons plus loin ! Un État est un organisme, où tout se tient. La ruine d'une institution y est une menace pour beaucoup d'autres institutions qui étaient liées avec elle. La royauté elle-même, que deviendra-t-elle, privée qu'elle est du secours de cette noblesse, jadis groupée autour d'elle, et maintenant réduite à l'impuissance ? Il n'est pas besoin de chercher beaucoup pour découvrir, sous les doléances de Saint-Simon, cette inquiétude trop justifiée. De là vient la sombre couleur de ses *Mémoires* : ils mènent le deuil de la vieille France.

Et voyez le contraste ! Saint-Simon a le préjugé du grand seigneur... et il a tous les préjugés du bourgeois ! Cette remarque n'est pas de moi ; elle est de M. Jean de Boislisle qui me l'a suggérée : cela me met bien à l'aise pour dire que je la trouve aussi juste et féconde qu'elle est d'ailleurs amusante. Non, quand il s'appelait lui-même un « vieux bourgeois de Paris », Saint-Simon ne se trompait pas, et je lui demanderai seulement, quand il employait pour se l'appliquer cet heureux mot, s'il s'est rendu compte de toutes les belles choses qu'il contient. Le bourgeois de Paris est un type bien connu, puisqu'on le retrouve toujours semblable à lui-même à travers les siècles, et dont il est permis de sourire, quand on est soi-même parisien et bourgeois. Le bourgeois de Paris ! Curieux et badaud avant tout, il veut voir, lui aussi, le tsar de toutes les Russies, et l'ambassadeur turc, et l'envoyé persan, quitte à s'étonner qu'on puisse être Turc ou Persan, au lieu d'être Parisien. « Ah ! monsieur, peut-on être Persan ? » Il est cancanier et sait bien que tout ce qu'on dit n'est pas parole d'évangile, mais il aime à colporter le bruit qui court et, à force de le répéter, il finit par y croire. Il est crédule et cela ne l'empêche pas d'être soupçonneux, et d'être l'un et l'autre à la fois, accueillant, sur les indices les plus faibles, des histoires absurdes et des contes à dormir debout, et refusant d'admettre les vérités les mieux établies, quand elles ont le tort d'être simples. Pour contenter l'être d'imagination qui ne meurt jamais en lui, il faut que les choses s'arrangent en romans et se découpent en drames. Cela tranche avec la prose de sa vie qui est régulière et rangée. Car il est honnête et sincèrement révolté par le spectacle de l'immoralité, inattaquable sur la question d'argent, frondeur à l'égard du gouvernement et docile à ceux qui gouvernent, attaché à la religion et raillant les prêtres, comme il daube sur les médecins et sur tous ceux dont il a besoin et dont il a peur, enfin croyant à la vertu de sa femme et doutant de celle de toutes les autres.... A ce portrait du bourgeois de la Ligue, du bourgeois de Louis XIV, et du bourgeois de Louis-Philippe, pour ne pas parler d'autres bourgeois de date plus récente, je suis sûr que vous avez reconnu, en plus d'un endroit, notre duc de Saint-Simon.

Je n'ai pas le temps de vérifier tout au long le parallèle et de vous montrer, par exemple, combien l'indignation de Saint-Simon contre certaines fortunes insolentes et contre de scandaleux étalages d'impiété et de débauche, est peu d'un grand seigneur et sent son bourgeois. Je ne veux souligner qu'un trait : cette humeur soupçonneuse qui met sans cesse Saint-Simon en quête de dessous, d'arrière-pensées, de combinaisons machiavéliques et de savantes machinations. C'était sa querelle ordinaire avec Beauvilliers, le bon, le candide Beauvilliers, qui peut-être avait le défaut contraire. Saint-Simon lui reprochait « d'ignorer tout ce qui se passait à la cour, les intérêts, les liaisons, les vues, les motifs » et de vivre comme quelqu'un qui serait enfermé dans une bouteille. Et Beauvilliers, à son tour, avec toute sa douceur et sa patience, avait peine à le laisser dire jusqu'à la fin, quand il s'engageait dans la voie des « idées bizarres, » des inventions extraordinaires et des imputations calomnieuses. Il lui disait alors, et il n'était pas le seul, « qu'il n'y avait plus moyen de l'entendre, qu'il passait le but désespérément, qu'il avait trop mauvaise opinion de tout le monde ». C'était un homme qui voyait partout des complots et des traîtres, pour qui tout devenait une affaire et pour qui toute affaire était une ténébreuse affaire.

Or il se trouva que cet esprit *farci* de tant de préjugés *entés* sur tant de méfiances et *recrépi* d'une imagination toujours en mouvement, se rencontra avec le tempérament le plus passionné. Entre toutes les passions, il en est une que Saint-Simon a goûtée, savourée, cultivée comme personne peut-être ne l'avait encore fait, une passion à laquelle il doit les plus vives, sinon les seules joies de sa morne existence : c'est la haine. Ici vous me reprocheriez d'invoquer aucun exemple en dehors de celui qui se présente tout de suite à votre souvenir et que tout autre affaiblirait. Le récit de cette séance

du lit de justice qui consacre la double humiliation des bâtards et des parlementaires est
l'un des plus beaux chants de haine qu'il y ait
dans notre littérature, le plus puissant peut-être,
le plus abondant, le plus large, le plus fortement
soutenu et le plus magnifiquement orchestré.

La note qui y domine, et qu'on y voit sans
cesse revenir, comme le motif essentiel, c'est
une note de jouissance et de plénitude dans la
jouissance, qui emprunte ses expressions au langage de l'amour. Quand l'envoyé de M. le duc,
Millain, vient lui annoncer que la déclaration
est signée, Saint-Simon l'embrasse. « Jamais
baiser donné à une belle maîtresse ne fut plus
doux que celui que j'appuyai sur le gros et vieux
visage de ce charmant messager. » Pendant la
lecture de l'arrêt, cette lecture « qu'aucune
musique ne pouvait égaler, » il se sent « pénétré
de tout ce que la joie peut imprimer de plus sensible et de plus vif, du trouble le plus charmant,
d'une jouissance la plus démesurément et la plus
persévéramment souhaitée : je suais d'angoisse
de la captivité de mon transport, et cette angoisse
même était d'une volupté que je n'ai jamais
ressentie ni devant, ni depuis ce beau jour. »
Et le largo final : « Moi cependant je me mourais
de joie. J'en étais à craindre la défaillance ;
mon cœur dilaté à l'excès ne trouvait plus d'espace à s'étendre. La violence que je me faisais
pour ne rien laisser échapper était infinie, et

néanmoins ce tourment était délicieux. » Le tourment délicieux, la joie et la douceur, le baiser donné à une belle maîtresse sur le museau d'un cuistre et la pâmoison dans la volupté, voilà les expressions et les signes qui ne trompent pas.... Nous tous, en effet, nous avons des antipathies et des rancunes : avons-nous des haines? Ceux qui nous ont fait souffrir, quand nous les voyons souffrir à leur tour, nous n'en éprouvons pas de plaisir : nous ne savons pas haïr. La haine se reconnaît aux jouissances qu'elle procure et qui, paraît-il, égalent, si elles ne les dépassent, les jouissances de l'amour.

Parmi ces haines dont se repaît un Saint-Simon, je veux bien que la plupart aient leur origine dans le spectacle de l'injustice triomphante et soient

> *Ces haines vigoureuses*
> *Que doit donner le vice aux âmes vertueuses.*

Mais il en est d'autres aussi, moins nobles, moins relevées, moins généreuses et qui n'ont pour motif que l'intérêt lésé, ou l'amour-propre blessé. Et il faut qu'il en soit ainsi, car les diverses sortes de haine s'attirent l'une l'autre et se complètent. Il y a une contagion et un entraînement de la haine, et d'ailleurs une inconsciente hypocrisie de la haine qui consiste à confondre notre cause avec celle du bien général et à croire que l'humanité tout entière a été souffletée sur notre joue. Vous savez quelle est la clairvoyance de la haine et qu'un esprit guidé par elle arrive à de véritables divinations ; et vous savez non moins bien de quels aveuglements elle est capable. Elle est la pire maîtresse d'erreur et l'ouvrière des trouvailles psychologiques les plus surprenantes, en sorte que nous lui devons tour à tour les plus grossières méprises et les intuitions les plus profondes.

*
* *

Voulez-vous voir maintenant comment se comportent, à travers l'œuvre de Saint-Simon, ces facultés dont le mélange est chez lui si particulier et qu'il porta à un si extraordinaire degré d'intensité ? Je ne m'occuperai pas ici des innombrables fautes de jugement et erreurs d'appréciation ; je m'attacherai uniquement, pour que la démonstration ait toute sa force, à relever des erreurs de fait, — quelques-unes entre tant d'autres !

Écoutez ce récit qui nous reporte aux premières années où Louis XIV commença de gouverner par lui-même :

« Il se fit à Saint-Germain une grande partie de chasse. Alors c'étaient les chiens, et non les hommes, qui prenaient les cerfs ; on ignorait encore ce nombre immense de chiens, de chevaux, de piqueurs, de relais et de routes à travers les pays. La chasse tourna du côté de Dourdan, et se prolongea si bien que le roi revint extrêmement tard et laissa la chasse. Le comte de Guiche, le comte depuis duc du Lude, Vardes, M. de Lauzun qui me l'a conté, je ne sais plus qui encore, s'égarèrent et les voilà à la nuit noire à ne savoir où ils étaient. A force d'aller sur leurs chevaux recrus, ils avisèrent une lumière ; ils y allèrent, et à la fin arrivèrent à la porte d'une espèce de château. Ils frappèrent, ils crièrent, ils se nommèrent, et demandèrent l'hospitalité. C'était à la fin de l'automne, et il était entre dix et onze heures du soir. On leur ouvrit. Le maître vint au-devant d'eux, les fit débotter et chauffer, fit mettre leurs chevaux dans son écurie, et pendant ce temps-là, leur fit préparer à souper, dont ils avaient grand besoin. Le repas ne se fit point attendre ; il fut excellent, et le vin de même, de plusieurs sortes. Le maître, poli, respectueux, ni cérémonieux, ni empressé, avait tout l'air et les manières du meilleur monde. Ils surent qu'il s'appelait Fargues, et la maison Courson ; qu'il y était retiré ; qu'il n'en était point sorti depuis plusieurs années.

« Le lendemain ils trouvent leur déjeuner prêt, leurs chevaux sellés, prennent congé de leur hôte et s'en retournent à Saint-Germain. Leur égarement y avait été la nouvelle ; leur retour et ce qu'ils étaient devenus toute la nuit en fut une autre. »

La chasse égarée, la lumière qui brille dans la nuit, le château hospitalier, le maître et ses grandes manières... quel début de roman ! Walter Scott ne fera pas mieux. Le roman va tourner en tragédie sanglante. Les jeunes gens content leur aventure au roi, se louent de leur hôte....

« Le roi leur demanda son nom ; dès qu'il l'entendit : « Comment Fargues, dit-il, est-il « si près d'ici ? » Ces messieurs redoublèrent de louanges, et le roi ne dit plus rien. Passé chez la reine mère, il lui parla de cette aventure, et tous deux trouvèrent que Fargues était bien hardi d'habiter si près de la Cour, et fort étrange qu'ils ne l'apprissent que par cette aventure de chasse, depuis si longtemps qu'il demeurait là.

« Fargues s'était fort signalé dans tous les mouvements de Paris contre la Cour et le cardinal Mazarin.... Le roi et la reine sa mère... mandèrent le premier président Lamoignon et le chargèrent d'éplucher secrètement la vie et la conduite de Fargues ; de bien examiner s'il n'y aurait point moyen de châtier ses insolences passées, et de le faire repentir de les narguer si près de la cour dans son opulence et sa tranquillité. Ils lui contèrent l'aventure de la chasse qui leur avait appris sa demeure, et témoignèrent à Lamoignon un extrême désir qu'il pût trouver des moyens juridiques de le perdre.

« Lamoignon, avide et bon courtisan, résolut bien de les satisfaire et d'y trouver son profit.... Fargues eut très promptement la tête coupée, et sa confiscation donnée en récompense au premier président. »

Voilà une horrible histoire où Lamoignon joue un rôle odieux. Or Fargues, arrêté non par le hasard d'une aventure de chasse, mais par suite d'une instruction régulière, et condamné non pour meurtre, mais pour vol et malversations dans les fournitures d'armée, le fut non par le Parlement de Paris, mais par l'intendant de Picardie : c'est-à-dire que Lamoignon n'est pour rien dans l'affaire.... Mais Saint-Simon haïssait Lamoignon : il s'est empressé d'accueillir une fable qui le déshonorait.

Saint-Simon, qui croit à l'empoisonnement de la reine d'Espagne par Olympe Mancini, qui croit à l'empoisonnement de Louvois, qui croit toujours à un empoisonnement, affirme qu'Henriette d'Angleterre a été empoisonnée par le marquis d'Effiat, le comte de Beuvron et le chevalier de Lorraine. Il donne à ce sujet les détails les plus circonstanciés : il sait d'où est venu le poison, par qui il a été versé, ce que le roi en a pensé, etc. Or il est à peu près établi aujourd'hui qu'Henriette d'Angleterre, non « de très bonne santé », comme le dit Saint-Simon, mais très faible de santé, et de constitution épuisée, est morte de mort naturelle, et ce fut l'opinion des contemporains les plus autorisés dont Saint-Simon, n'écrivant que longtemps après l'événement, aurait pu et dû recueillir le témoignage.... Mais il haïssait le chevalier de Lorraine.

Saint-Simon affirme que la princesse de Soubise doit être mise au nombre des maîtresses de Louis XIV, quoique les pamphlets de l'époque, qui d'ordinaire ne sont pas prudes, donnent à entendre le contraire ; et il raconte les rendez-vous et ce qui s'y est passé, comme s'il y eût été convié.... Si vous demandez à Saint-Simon comment il fait pour être si sûr de ces choses-là, je vous répondrai pour lui : c'est que la princesse de Soubise s'appelle Anne-Marie de Rohan, et que Saint-Simon hait les Rohan.

Saint-Simon affirme que la disgrâce temporaire du contrôleur Desmaretz, neveu de Colbert, en 1683, fut provoquée par une lettre de Colbert dénonçant à son lit de mort son propre neveu, et qu'elle lui fut signifiée par une avanie publique que lui fit Le Peletier. Ni la lettre de Colbert n'a jamais été écrite, ni l'avanie de Le Peletier n'a jamais été faite.... Mais Saint-Simon avait à se venger des lettres obséquieuses qu'il avait écrites à Desmaretz.

Quant à la disgrâce du comte de Roye, le récit en est si amusant et si haut en couleur, que je serais impardonnable d'en donner seulement résumé. Le comte de Roye était un seigneur français établi à la cour du roi de Danemark, Christian V, où il était devenu tout-puissant. A la suite d'intrigues de cour, et ne pouvant supporter de partager son commandement avec un autre, il donna sa démission. Voilà le fait. Voici comment Saint-Simon l'explique et le raconte :

« Il était là très grandement établi, et lui et la comtesse de Roye sur un grand pied de considération. Ces rois du Nord mangent ordinairement avec du monde, et le comte et la comtesse de Roye avaient très souvent l'honneur d'être retenus à leur table avec leur fille Mlle de Roye. Il arriva à un dîner que la comtesse de Roye, frappée de l'étrange figure de la reine de Danemark, se tourna à sa fille et lui demanda si elle ne trouvait pas que la reine ressemblait à Mme Panache comme deux gouttes d'eau. Quoiqu'elle l'eût dit en français, il arriva qu'elle n'avait pas parlé assez bas, et que la reine, qui l'entendit, lui demanda ce que c'était que cette Mme Panache....

« La comtesse de Roye, dans sa surprise, lui répondit que c'était une dame de la Cour de France qui était fort aimable. La reine, qui avait vu sa surprise, n'en fit pas semblant, mais, inquiète de la comparaison, elle écrivit à Mayercron envoyé de Danemark à Paris et qui y était depuis quelques années, de lui mander ce que c'était que Mme Panache, sa figure, son âge, sa condition, et sur quel pied elle était à la Cour de

France ; et que surtout elle voulait absolument n'être pas trompée et en être informée au juste. Mayercron, à son tour, fut dans un grand étonnement. Il manda à la reine qu'il ne comprenait pas par où le nom de Mme Panache était allé jusqu'à elle, beaucoup moins la sérieuse curiosité qu'elle lui marquait d'être informée d'elle exactement ; que Mme Panache était une petite et fort vieille créature, avec des lippes et des yeux éraillés à y faire mal à ceux qui la regardaient, une espèce de gueuse qui s'était introduite à la cour sur le pied d'une manière de folle, qui était tantôt au souper du Roi, tantôt au dîner de Monseigneur et de Madame la Dauphine, ou à celui de Monsieur et de Madame, à Versailles ou à Paris, où chacun se divertissait à la mettre en colère, et qui chantait pouilles aux gens à ces dîners-là, pour faire rire, mais quelquefois fort sérieusement, et avec des injures qui embarrassaient et qui divertissaient encore plus ces princes et ces princesses, qui lui emplissaient ses poches de viandes et de ragoûts, dont la sauce découlait tout le long de ses jupes ; et que les uns lui donnaient une pistole ou un écu, et les autres des chiquenaudes et des croquignoles, dont elle entrait en furie, parce qu'avec ses yeux pleins de chassie elle ne voyait pas au bout de son nez, ni qui l'avait frappée, et que c'était le passe-temps de la cour. A cette réponse, la reine de Danemark se sentit si piquée qu'elle ne put

(65)

plus souffrir la comtesse de Roye, et qu'elle en demanda justice au roi son mari. »

L'anecdote est délicieuse, et le portrait de Mme Panache est charmant... Seulement cette version ne repose sur rien. A l'explication sérieuse et vraie, pourquoi Saint-Simon a-t-il préféré l'explication romanesque et frivole ? Je n'y vois aucune raison, si ce n'est cette frivolité même et le plaisir de faire le portrait de cette Mme Panache dont il est seul, d'ailleurs, à nous faire connaître les lippes et les yeux fort chassieux.

Vous me direz : « Pour tous les événements dont Saint-Simon n'a pas été témoin, il se peut qu'il lui arrive d'accepter trop légèrement le récit qui lui en est fait. Encore n'invente-t-il pas : il se borne à mettre en œuvre et en scène, à amplifier, à imaginer des détails. Mais pour les faits dont il a été lui-même témoin, ne peut-on avoir en lui toute confiance ? » Voici donc une scène, et capitale, où Saint-Simon a été non pas seulement témoin, mais acteur. C'est la séance du Parlement du 2 septembre 1715, le lendemain même de la mort de Louis XIV, où fut cassé le testament du défunt Roi; et c'est, à cette séance, la fameuse affaire du bonnet, c'est-à-dire la protestation contre l'insolence du premier président qui se refusait à retirer son bonnet quand il prenait l'avis des ducs et pairs.

Si l'on s'en rapporte à son récit, Saint-Simon

aurait seul réclamé au nom des pairs, dès le commencement de cette séance, et aurait été écouté
avec une attention religieuse. Or ce fut l'archevêque de Reims (Mailly) qui, en sa qualité de
premier pair de France, lut la protestation des
pairs. A la fin de la séance, Saint-Simon ayant
demandé acte de cette protestation, il en ré-
sulta une discussion entre lui et les présidents
de Novion et de Mesmes. L'avocat Prévot écrit
qu' « il s'éleva un tumulte d'où l'on ne vit rien
éclore de distinct, sinon une petite voix qui
disait : *Nous demandons acte de nos protestations.*
Sur quoi M. de Novion dit : « Où les porterez-
vous, vos protestations ? » La même voix répondit : *Ici.* Le président de Novion repartit : « Vous
nous reconnaissez donc pour vos juges ? » La
même voix répondit : *Non.* Cette petite voix
était celle de M. le duc de Saint-Simon. Un conseiller qui était debout à l'entrée du parquet et
près de l'endroit où le duc était assis, m'a dit
que sur-le-champ un pair dit au duc de Saint-
Simon : *Ma foi ! tu es un mauvais avocat.* Et
dans le public on a dit que c'était une chose
surprenante que M. de Saint-Simon, qui aurait
pu désirer tout au plus d'être réputé ancien
gentilhomme et qui devrait être tout étonné de
se voir duc et pair de France, ait été, ou soit
député pour être l'appui des ducs et pairs. »

Ici encore, je suis bien convaincu que Saint-
Simon n'a pas voulu nous donner le change

et qu'il n'a rien inventé. La séance du 2 septembre 1715, il la voyait ainsi ; il s'y entendait lisant la protestation des pairs : il entendit le silence approbateur qui suivit ; il a retracé exactement ce que son imagination lui représentait.

Si j'arrête ici la série des exemples, c'est qu'ils sont trop. Mais la conclusion qui s'en dégage est assez nette, et vous voyez comment, guidé par ses passions, Saint-Simon incline et verse dans le sens de son imagination romanesque, pour qui c'est un besoin de tout grossir, de tout noircir et de tout dramatiser.

C'est, vous le savez, dans ses années de vieillesse et de retraite que Saint-Simon a rédigé ses *Mémoires*. A la mort du Régent, en 1723, il quitte les affaires, et telle est aussi bien la date extrême qu'il assigne à son récit. En 1729, il reçoit du duc de Luynes communication du *Journal* de Dangeau, dont il prend une copie, et qui lui sera d'un grand secours en lui fournissant une exacte chronologie. De 1729 à 1738, il l'annote et écrit ces « Additions au *Journal* de Dangeau » qui passeront presque en entier dans les *Mémoires*. Quant à la rédaction définitive, elle a été commencée en 1739, interrompue en 1743, reprise et continuée jusqu'en 1751.

LES MÉMOIRES

Les *Mémoires* de Saint-Simon sont l'œuvre d'un auteur qui avait passé la soixantaine !

Pendant ces trente années dont je vous ai dit la détresse, Saint-Simon a vécu avec son œuvre, compagne de sa vie douloureuse et confidente de ses rancunes. C'est sur elle qu'il compte pour le venger. Il s'y venge en effet à coups de plume et de pinceau. Isolé dans sa retraite, à l'écart de la société des vivants, les faits qu'il raconte s'éloignent dans le passé, et il n'en retient que ce qui s'accorde avec son dessein. Au centre de son œuvre il a campé un personnage qui est lui-même, ou qu'il croit être lui, paysan du Danube, à la rude franchise, à la loyauté intraitable, soutien des disgraciés, vengeur des opprimés, — pour faire honte à ceux qui cèdent, à ceux qui se laissent asservir. Et il se trouve que presque tous les documents qu'on exhume, et d'abord les lettres de Saint-Simon, démentent cette attitude. Quand je vous disais que tout cela n'est que littérature....

Mais Saint-Simon se voit ainsi. Il est Alceste qui fait la leçon à tout le monde. Il est Hamlet, et il y a quelque chose de pourri dans le royaume de France. Il est Don Quichotte en lutte avec les enchanteurs et les monstres. Il vit dans cet enchantement. Il donne de plus en plus de relief et d'harmonie à ce monde imaginaire qui de moins en moins ressemble au monde réel et de plus en plus devient une création ayant sa valeur en elle-même. Il finit son œuvre, il la sculpte, il la cisèle, cette œuvre qu'il garde obstinément et jalousement cachée. D'ailleurs, et quoiqu'il n'en communique rien à personne, ce n'est pas uniquement pour lui qu'il écrit et pour sa satisfaction personnelle. On n'écrit jamais pour soi seul. On sent toujours des regards penchés sur soi, regards du public ou de la postérité.

Avec un sûr instinct de cette toute-puissance de l'art qui prévaut contre la réalité, comme la légende prévaut contre l'histoire, Saint-Simon se rend compte que les siècles à venir lui appartiendront, en raison de la perfection de son œuvre. Donc il accumule les traits, il charge les couleurs et il les harmonise. Un échange se fait entre les passions de l'homme et les procédés de l'écrivain, et, tout entier possédé par cette œuvre qui a été le tout de sa vie, je ne dirai pas que, pour l'écrire, il ait, comme les Goncourt disaient d'eux-mêmes, « cultivé son hystérie, » parce que je n'aime pas ces expressions physiologiques et louches ; mais je dirai, parce que c'est d'après moi la seule façon d'apprécier équitablement les *Mémoires*, que Saint-Simon a entretenu en lui l'exaltation dont il avait besoin pour ses effets de style.

TROISIÈME CONFÉRENCE

SAINT-SIMON
A LA COUR DE LOUIS XIV

III. — SAINT-SIMON
A LA COUR DE LOUIS XIV

Nous avons reconnu en Saint-Simon la vocation, le tempérament, les dons les plus rares
de l'observateur. Il nous reste à chercher ce qui
intéresse cet observateur et sur quoi porte son
observation sans répit.

Si donc on veut savoir ce que Saint-Simon s'est
proposé de mettre dans ses *Mémoires*, il n'est que
de se rappeler comment il apprécie le *Journal*
de Dangeau, et quelles lacunes il y signale. Saint-
Simon s'est beaucoup servi du *Journal* de Dangeau et il s'est beaucoup moqué de Dangeau ; ce
qui est en littérature une manière fort employée
de payer ses dettes : on n'hérite que de ceux
qu'on tue. Il a fait de Dangeau un des personnages les plus amusants des *Mémoires*; et chaque
fois qu'il revient à lui, et il y revient souvent,
c'est pour nous le présenter sous les traits du
noble vaniteux, type du gentilhomme de fraîche
date qui se pavane dans une noblesse d'emprunt.

C'est le paon qui fait la roue, c'est le singe qui copie les grands ; un reflet, un décalque, un personnage en détrempe. « C'était le meilleur homme du monde, mais à qui la tête avait tourné d'être seigneur : cela l'avait chamarré de ridicules. » Et Saint-Simon raille, dans ce style qui n'est qu'à lui, « sa fadeur naturelle entée sur la bassesse du courtisan et recrépie de l'orgueil postiche ». Il s'était poussé à la cour par le jeu : il savait tous les jeux, l'hombre, le piquet, la prime, la grande et la petite, le hoc, le reversi, le brelan, la bassette, le lansquenet. Il jouait bien ; il ne trichait pas : cela lui acquit beaucoup de considération. Il faisait aussi des bouts rimés. Enfin c'était un de ces invités précieux que bénit la maîtresse de maison. Saint-Simon le reconnaît, à sa manière ; même, il fait de Dangeau une manière d'éloge : « C'était un grand homme, fort bien fait, devenu gros avec l'âge, ayant toujours le visage agréable, mais qui promettait ce qu'il tenait : une fadeur à faire vomir. »

Dangeau était-il si ridicule, et tellement « à vomir » ? Je l'ai cru sur la foi de Saint-Simon, je ne le crois plus. C'était un aimable homme, content de lui, — condition essentielle pour être content des autres, — né bénisseur, comme d'autres sont nés dénigrants. Quand on est jeune, on est sévère aux bénisseurs ; on leur préfère les caractères plus francs, voire un peu rudes. Plus tard, on a eu le temps de s'apercevoir que la rudesse est signe de mauvaise éducation plus souvent que de franchise, que les gens aimables ont du moins pour eux leur amabilité, et on devient indulgent aux Dangeau...

D'après Saint-Simon, le *Journal* de Dangeau ressemble à celui qui l'a écrit : c'est l'œuvre d'un plat courtisan : on y respire un encens éternel et suffocant ; il est incroyable qu'un homme ait pu avoir, à lui tout seul, tant d'admiration pour tant de grands personnages, pour Louis XIV, pour Mme de Maintenon, pour les ministres, et qu'il ait eu le courage de noter chaque soir leurs actes les plus indifférents, jusqu'à mentionner pendant trente-deux ans la médecine que le roi prenait chaque mois par précaution. Arrivé à l'endroit où Dangeau, enregistrant la mort de Mme de Maintenon, décerne à sa bienfaitrice cet éloge pourtant bien banal : « On n'en saurait dire trop de bien », Saint-Simon écrit rageusement dans la marge : « Voilà bien fadement, salement et puamment mentir à pleine gorge. » Et c'est là encore un service, non le moindre, que Dangeau a rendu à Saint-Simon : il a servi à le mettre en colère. Dans l'âpreté satirique des *Mémoires*, il y a un peu de « l'écœurement » causé à Saint-Simon par la fadeur du *Journal*.

Mais voici le point important. Un défaut essentiel que Saint-Simon reproche à Dangeau, c'est la sécheresse avec laquelle il relate les événements, «sans un mot de leur cause, encore moins d'aucune intrigue ni d'aucune sorte de mouvement de cour ni d'entre les particuliers ». Il n'a peint que l'extérieur. Il ne pouvait faire autrement, car il ne savait rien au delà de ce que tout le monde voyait : il avait un esprit de surface et se tenait à l'écorce. Or de véritables *Mémoires* « demandent qu'on soit au fait de l'intérieur et des diverses machines d'une cour ». C'est le même reproche que Saint-Simon adressera à un autre ouvrage historique réputé : l'*Histoire de France* du Père Daniel, ouvrage de mérite sans doute, « mais de négociations, de cabales et d'intrigues de cour, de portraits de personnages, de fortunes, de chutes, de ressorts des événements, pas un mot en tout l'ouvrage que sèchement et courtement.... » Voilà ce qui intéresse Saint-Simon, et qu'il mettra, lui, dans ses *Mémoires* : les intrigues de cour qui révèlent les caractères, les ressorts des événements qui ne sont autres que nos passions. Il peindra l'intérieur. En cela il est bien encore du XVIIe siècle, qui fut un siècle de moralistes. On demandait un jour à Stendhal : « Quelle est votre profession ? » Et il répondait : « Observateur du cœur humain. » Pour Stendhal, je n'en jurerais pas ; mais sûrement c'était la profession de Saint-Simon, comme ç'avait été celle de La Bruyère, de Racine, de Pascal, et de tous les maîtres de cette littérature classique qui a poussé si avant l'étude de notre nature.

Avant de nous enfermer avec Saint-Simon dans l'intérieur de la cour, disons quelques mots du moment historique où va se dérouler son récit, indiquons tout au moins le fond du tableau. C'est un fond de tableau terriblement sombre. Je ne parle, pour l'instant, que du règne finissant de Louis XIV : que de tristesses dans cette fin de règne ! Certes on y rencontre de beaux épisodes, comme ce matin du 16 novembre 1700, où le roi fit ouvrir à deux battants la porte de son cabinet, et, montrant son petit-fils à la foule des courtisans : « Messieurs, leur dit-il, voilà le roi d'Espagne ». Et se tournant vers le duc d'Anjou : « Soyez bon Espagnol, c'est présentement votre premier devoir ; mais souvenez-vous que vous êtes Français, pour entretenir l'union entre les deux nations : c'est le moment de les rendre heureuses et de conserver la paix de l'Europe. » Car il savait parler en roi. Mais ces minutes radieuses maintenant sont rares. Louis XIV est à l'âge où hommes et rois n'ont plus coutume d'être heureux.

Les grands ministres ont disparu, ils ont été remplacés par de simples commis. On n'a plus ni Colbert, ni Louvois, et on a Chamillart ! C'était un très honnête homme, d'une incapacité noire : le triomphe de l'incompétence. Il était de première force au billard : c'est par là qu'il s'était poussé à la cour. Il savait le billard, mais il ne savait ni les finances, ni la guerre : il les eut toutes les deux. Il arriva ce qui ne pouvait manquer d'arriver. S'il faut en croire Saint-Simon, ce fut son incapacité même qui l'avait fait choisir. Louis XIV était offusqué par la supériorité d'un Louvois : avec Chamillart, pareil inconvénient n'était pas à craindre.

Disparus les grands généraux, un Turenne, un Condé. Il est vrai qu'on avait leur monnaie : Luxembourg, Villars qui sauva la France à Denain, et Vendôme qui sauva l'Espagne à Villaviciosa. Mais Saint-Simon était en procès avec Luxembourg : et dans les *Mémoires*, Villars n'a pas plus gagné la bataille de Denain que Vendôme n'a gagné les batailles de Cassano et de Villaviciosa. A Denain, tandis que Montesquiou avec la tête de l'armée arrivait devant la ville à tire-d'aile, Villars, qui « marchait doucement avec le gros de l'armée, » lui dépêchait « ordre sur ordre d'arrêter, de ne point attaquer, de l'attendre, le tout sans se hâter le moins du monde, parce qu'il ne voulait pas de combat. » Quand il apprit que la bataille était gagnée, qui fut bien surpris? ce fut Villars ; mais alors il ne tarda plus et envoya courriers sur courriers au roi pour s'en donner les gants. A Cassano, Vendôme crut si bien l'affaire perdue sans ressource « qu'il poussa à une cassine fort éloignée pour considérer de là comment et par où il pourrait faire sa retraite avec les débris de son armée ». Les officiers, inquiets de ne plus le voir, le cherchaient partout : enfin Chemerault le découvrit dans sa cassine, où il avait pris philosophiquement son parti et mangeait un morceau : il lui apprit la victoire. De même à Villaviciosa. Dans *la Chartreuse de Parme*, Fabrice del Dongo ne voit de la bataille de Waterloo que ce qu'on en peut voir autour de la charrette d'une vivandière ; mais on n'a jamais prétendu que la bataille de Waterloo ait été gagnée ou perdue par Fabrice del Dongo. Avec Saint-Simon, quand on est, comme Villars, protégé de Mme de Maintenon, ou, comme Vendôme, protégé de Monseigneur, il est impossible qu'on ait droit aux lauriers dont l'histoire vous gratifie. Et c'est même, dit-il très sérieusement, ce qui le fait douter de l'histoire.

Saint-Simon, qui est un si grand peintre, est un détestable peintre de batailles. Rien de plus froid, rien de plus embrouillé et de plus confus que le récit des actions même auxquelles il a assisté. On n'y comprend rien. Je ne saurais vous dire à quel point l'obscurité en est encore augmentée par cette manie qu'a Saint-Simon de les faire perdre par le général en chef et gagner par le capitaine d'habillement.

Ce qu'il y avait encore de plus inquiétant, c'étaient les finances. C'est par elles, on le sait, que devait périr l'ancien régime. Il n'y a dans tous les temps, pour les États obérés, que deux moyens de se tirer d'affaire, qui sont l'emprunt et l'impôt, l'impôt et l'emprunt. Voici pour l'emprunt : la scène se passe un jour de mai 1708, à Marly : « Le roi, sur les cinq heures, sortit à pied et passa devant tous les pavillons du côté de Marly. Bergheyck sortit de celui de Chamillart pour se mettre à sa suite. Au pavillon suivant, le roi s'arrêta. C'était celui de Desmarets qui se présenta avec le fameux banquier Samuel Bernard, qu'il avait mandé pour dîner et travailler avec lui. C'était le plus riche de l'Europe et qui faisait le plus gros et le plus assuré commerce d'argent.... Le roi dit à Desmarets qu'il était bien aise de le voir avec M. Bernard, puis, tout de suite, dit à ce dernier : « Vous êtes bien homme à « n'avoir jamais vu Marly ; venez le voir à ma « promenade : je vous rendrai après à Desmarets. » Bernard suivit et, pendant qu'elle dura, le roi ne parla qu'à Bergheyck et à lui, et autant à lui qu'à d'autres, les menant partout et leur montrant tout également avec les grâces qu'il savait si bien employer quand il avait dessein de combler. J'admirais, et je n'étais pas le seul, cette espèce de prostitution du roi, si avare de ses paroles, à un homme de l'espèce de Bernard. » Samuel Bernard était vaniteux : il lâcha la grosse somme. Mais quel spectacle, et, comme dit Saint-Simon, quelle prostitution de la dignité royale : le roi de France, comme un gentilhomme décavé, s'abaissant à empaumer un prêteur !

Quant à l'impôt, on le mit sur le revenu. Ce

fut « l'impôt du dixième » calculé sur la fortune de chacun. La difficulté fut d'obtenir des contribuables une déclaration exacte. Saint-Simon peint en vives couleurs « la désolation de l'impôt dans une multitude d'hommes de tous les états si prodigieuse et leur désespoir d'être forcés à révéler d'eux-mêmes le secret de leurs familles, la turpitude d'un si grand nombre, le manque de bien suppléé par la réputation et le crédit, dont la cessation allait les jeter dans une ruine inévitable, la discussion des facultés de chacun, la combustion des familles par ces cruelles manifestations et par cette lampe portée sur leurs parties les plus honteuses ». Tout le monde fut frappé, sauf pourtant les financiers qui trouvèrent moyen d'échapper. D'ailleurs le résultat pour le trésor fut à peu près nul. Cela n'est pas fort encourageant à la veille de renouveler l'expérience.

Les éléments eux-mêmes se mirent contre nous, comme ils font toujours en pareil cas, comme ils l'ont fait, les hommes de ma génération s'en souviennent, pendant le terrible hiver de 1870. La France de Louis XIV eut le terrible hiver de 1709. Le thermomètre n'était pas encore descendu si bas ; on gelait dans les appartements, dans ces superbes appartements d'autrefois, superbement inconfortables ; au fond des armoires des dames, l'eau de la reine de Hongrie, convertie en glaçons, faisait éclater les flacons. Au froid succéda la disette. Le pain manqua. A Paris, des bandes de femmes parcoururent les rues, criant « Du pain ! » A Versailles, le roi entendit de ses fenêtres la populace qui s'en prenait à lui de sa misère, accusait son gouvernement, s'exhortait à ne plus être si endurante.... Déjà les journées d'octobre 1789 !... « Pour amuser ce peuple, on employa les fainéants et les pauvres à raser une assez grosse butte de terre qui était demeurée sur le boulevard entre les portes Saint-Martin et Saint-Denis, et on y distribuait par ordre du mauvais pain aux travailleurs pour tout salaire et en petite quantité à chacun.... » Déjà les ateliers nationaux et les quarante sous par jour, comme en 48!... Et comme en 48, les « ateliers » (le mot est dans Saint-Simon) étaient un foyer d'émeutes : il y eut des collisions avec la troupe. « Ce qui piqua le roi davantage fut l'inondation des placards les plus hardis et les plus sans mesure... qui, longtemps durant, furent trouvés affichés aux portes de Paris, aux églises, aux places publiques, surtout aux statues. » Voici un spécimen de ces placards, parodie ironique et macabre du *Pater* : « Donnez-nous notre pain, qui nous manque de tous côtés. Pardonnez à nos ennemis qui nous ont battus, mais non à nos généraux qui les ont laissés faire. Ne succombez pas à toutes les tentations de la Maintenon, mais délivrez-nous de Chamillart ! » Louis XIV ressentait profondément la misère publique, comme le prouve le tragique conseil des ministres, raconté par Saint-

Simon, où coulèrent les larmes du vieux roi.

Cependant, à la cour, les fêtes continuaient. En 1700, il y avait eu tant de bals que, de trois semaines, Saint-Simon et sa femme ne virent pas le jour. Aux pires instants, ni une chasse, ni une mascarade, ni une promenade, ni un lansquenet ne furent décommandés : malheurs publics ou deuils privés, rien ne devait déranger l'ordre prévu des réjouissances. Le lendemain de la mort de Monsieur, frère du roi, ce fut le duc de Bourgogne qui, le soir, sur l'ordre du roi, invita les courtisans à faire leurs jeux comme d'habitude. Saint-Simon incrimine l'insensibilité du monarque : n'y faut-il pas voir plutôt l'effet d'une extraordinaire force d'âme? Tous ceux qui savent ce qu'il en coûte à certaines heures d'affronter le public, et de lui montrer un visage serein quand on a la mort dans l'âme, admireront la fierté du vieux roi qui ne permit jamais au mauvais sort de déranger, par ses caprices méchants, ce que sa volonté souveraine avait ordonné.

Voilà l'époque, voilà le pays ; maintenant rentrons à Versailles, revenons à ce minuscule coin de terre qui pour ceux qui l'habitent est toute la France et demandons-nous ce que pouvait être la vie dans ce milieu spécial, exceptionnel, unique. On y aspirait comme au paradis ; en réalité, quel enfer ! Songez qu'ils sont là réunis, vivant ensemble, se rencontrant à toutes les heures du jour et de la nuit, serrés et tassés les uns contre les autres, se heurtant et se coudoyant, trois cents hommes et femmes, grands seigneurs, grands dignitaires de cour, tous tendus vers un même but : la faveur du roi ! Que de compétitions, que de rivalités ! Comme on se jalouse et comme on se surveille ! Chaque démarche est épiée, chaque geste est commenté, chaque parole est répétée, déformée, envenimée. Ce qui ajoute à l'âpreté de ces luttes, c'est qu'on est entre gens du même monde, de la même caste, et presque tous ayant entre eux des liens de parenté. Voilà ce qu'il y a d'effroyable, et tout le monde me comprendra : on est en famille !

Mais aussi quel terrain pour la culture des passions ! Elles s'y développent, comme dans une atmosphère de serre chaude. Elles y grandissent dans des proportions extravagantes, comme dans une forcerie. Toutes les passions, l'ambition, la vanité, l'intérét, l'envie, l'espérance, la rancune, la vengeance, la haine et aussi l'amour, l'amour qui naît, comme de lui-même, sous les pas de ces belles princesses et de ces filles d'honneur, l'amour, qui, de tout temps, a été un moyen de parvenir. Et pour l'observateur, quelle collection sans pareille ! Quelle récolte promet cette floraison splendide et monstrueuse ! Je demandais un jour à un romancier, élu député et assidu aux séances du Parlement, quel plaisir il pouvai trouver dans un tel milieu. « Croyez bien que je le juge comme vous, me répondit-il ; seulement, je ne puis m'en détacher. Ils sont effrayants, mais si curieux ! » Ceux de Versailles n'étaient sans doute pas moins effrayants, et ils étaient moins laids. Dans cette humanité surchauffée, tous les traits du caractère s'exaspéraient, tous les traits du visage s'accentuaient et se gonflaient. C'est pour cela que Saint-Simon ne pouvait s'en détacher : il trouvait là tout prêt un incomparable laboratoire de psychologie.

Le premier cercle que Saint-Simon discerne dans cet enfer de la cour, le premier groupe sur lequel il assène ses regards, c'est celui qu'il découvre sur les marches du trône et pour la honte du trône : les bâtards. Entendez par là cette famille naturelle que Louis XIV s'efforce d'établir magnifiquement : la fille de La Vallière mariée au prince de Conti ; deux filles de la Montespan, l'une qui est Mme la duchesse, l'autre Mlle de Blois, que nous avons vue devenir la duchesse de Chartres et qui sera bientôt la duchesse d'Orléans, femme du futur Régent ; enfin les deux fils de la Montespan, le duc du Maine et le comte de Toulouse. Sur cette question de l'établissement des bâtards, Louis XIV n'avait pas eu tout de suite la sécurité de conscience qu'on lui verra plus tard. Par exemple, quand le duc du Maine voulut se marier, « le roi l'en détourna et lui dit franchement que ce n'était pas à des espèces comme lui à faire lignée ». Des espèces ! Ce fut Mme de Maintenon, leur ancienne gouvernante, qui s'employa pour eux et calma les scrupules de leur père. Elle avait un faible pour le duc du Maine, « le faible de nourrice ». Gagné par elle pour ce fils chéri, le roi « se résolut de l'appuyer du moins de la maison de Condé, et de le marier à une fille de M. le prince qui en ressentit une joie extrême... ». Les filles de M. le prince étaient de toute petite taille, presque naines. « Il en avait trois à choisir. Un pouce de taille de plus qu'avait la seconde lui valut la préférence. » Voilà le duc du Maine pourvu d'une belle alliance ; son père ambitionnait pour lui la gloire militaire. Il l'envoya au siège de Namur. Le duc du Maine s'y couvrit de honte. Il était poltron : il mit toute sa décision à ne pas marcher à l'ennemi, qui en profita pour lui passer effrontément sous le nez.

Le roi, quand il reçut cette nouvelle, en éprouva un violent dépit, qu'il tâcha de dissimuler, mais qui éclata quand même dans une scène burlesque que Saint-Simon n'a pas manqué de raconter. C'est à Marly, après le dîner où Louis XIV a fait de vains efforts pour se contenir : « Le prince, si égal à l'extérieur et si maître de ses moindres mouvements dans les événements les plus sensibles, succomba sous cette unique occasion. Sortant de table, à Marly, avec toutes les dames et en présence de tous les courtisans, il aperçut un valet du serdeau qui, en desservant le fruit, mit un biscuit dans sa poche. Dans l'instant, il oublie toute sa dignité, et, sa canne à la main, qu'on venait de lui rendre avec son chapeau, court sur ce valet qui ne s'attendait à rien moins, ni pas un de ceux qu'il sépara sur son passage, le frappe, l'injurie, et lui casse sa canne sur le corps : à la vérité, elle était de roseau et ne résista guère. De là, le tronçon à la main et l'air d'un homme qui ne se possédait plus, et continuant à injurier ce valet qui était déjà bien loin, il traversa ce petit salon et une antichambre et entra chez Mme de Maintenon.... »

Ayant échoué à faire du duc du Maine un brave, Louis XIV se rabattit à en faire un pair de France, et même un peu plus. Ce fut Harlay, paraît-il, qui, pour faire sa cour, trouva ce biais d'introduire les bâtards au Parlement en leur attribuant un rang intermédiaire entre les princes du sang et les pairs, immédiatement au-dessous des princes du sang, mais au-dessus des pairs. Ce qui faisait dire au duc du Maine, qui avait l'humeur tournée à la plaisanterie, qu'il était « comme un pou entre deux ongles ».

Entre le duc du Maine et son frère, le comte de Toulouse, il n'y avait aucune comparaison à faire, et il est vrai que Saint-Simon n'en fait aucune. Il a témoigné, en maints endroits, de son estime pour le comte de Toulouse, sérieux, réservé, « l'honneur, la vertu, la droiture, la vérité, l'équité même ». Il s'est rattrapé sur le duc du Maine dont il fait — littéralement — un démon : « Avec de l'esprit, je ne dirai pas comme un ange, mais comme un démon, auquel il ressemblait si fort en malignité, en noirceur, en perversité d'âme ; en desservices à tous, en services à personne, en marches profondes, en orgueil le plus superbe, en fausseté exquise, en artifices sans nombre, en simulations sans mesure.... » Voilà bien de la noirceur. Le duc du Maine n'était pas si terrible. Une fois de plus, égaré et emporté par sa haine, Saint-Simon a démesurément grandi le personnage.

Si d'ailleurs on veut la vérité sur lui, c'est encore à Saint-Simon qu'on peut la demander : il néglige souvent de se mettre d'accord avec lui-même. Le vrai duc du Maine, c'est celui que Saint-Simon nous montre tremblant devant sa femme. Celle-ci, romanesque et impérieuse, en digne fille des Condé, agitée, affolée de plaisirs dans cette résidence de Sceaux dont les nuits sont restées célèbres, et qui, à force de jouer des pièces de théâtre, avait fini par se prendre pour une des héroïnes dont elle interprétait les rôles, ruinait son pauvre homme de mari en fêtes auxquelles il assistait « comme le premier domestique de la maison. » Elle lui reprochait l'honneur qu'elle lui avait fait de l'épouser, le méprisait pour sa timidité, le « traitait comme un nègre » et « c'était à coups de bâton qu'elle le poussait en avant ». On sait comment le couple s'effondrera, sous la Régence, dans la ridicule conspiration de Cellamare. En attendant, chaque année apporte un accroissement à sa faveur scandaleuse, et les *Mémoires* sont remplis de l'indignation, de la juste indignation avec laquelle Saint-Simon, doublement blessé dans le sentiment de sa dignité de duc et pair et dans son honnêteté d'homme de devoir et d'homme de famille, suit ce qu'il appelle d'une expression imagée et terrifiée : « le grand vol des bâtards ».

Une autre cabale pour laquelle Saint-Simon est à peine moins sévère, c'est la « cabale de Meudon », ainsi appelée parce qu'elle se compose des personnes qui se réunissent à Meudon, autour du grand Dauphin, Monseigneur, fils de Louis XIV. Mme de Maintenon, faisant allusion à la famille de Louis XIV, nous dit « qu'il ne trouvait pas grand ragoût autour de lui ». Le ragoût, c'était ce qui faisait le plus défaut à Monseigneur. Saint-Simon nous le peint sans vice ni vertu, déplorablement neutre. Il était gros, la démarche hésitante, n'ayant qu'un plaisir : chasser le loup. Doux par stupidité, dur au fond, « né pour l'ennui qu'il communiquait aux autres et pour être une boule roulante au hasard par l'opinion d'autrui... absorbé dans sa graisse et dans ses ténèbres ». Sa seule lecture, c'était « l'article de Paris de la

Gazette de France pour y voir les morts et les mariages. » C'était bien la peine d'avoir eu Bossuet pour professeur !

Ce fils de Louis XIV avait, lui aussi, une Maintenon. C'était Mlle Choin, une « grosse camarde brune » qui avait « l'air d'une servante », en outre « vieille et puante ». Dans les premiers temps, elle ne venait à Meudon qu'en grand mystère, apportant ses nippes avec elle, et repartait incognito. Peu à peu elle s'enhardit, fit des séjours ; on invita quelques intimes : c'étaient des parties en petit comité, *in parvulo*, qu'on appelait pour cette raison des « parvulos ». Là, assise dans un fauteuil, en face de Monseigneur, tandis que les filles de la maison, la duchesse de Bourgogne et la duchesse de Berry, n'avaient qu'un tabouret, la Choin les rabrouait, les reprenait sur leur ajustement, sur leur air, sur leur conduite, enfin se comportait en toutes choses comme une « belle-mère ». D'elle on acceptait tout, en songeant à ce qu'elle pourrait un jour : « Toutes les batteries, pour le futur, étaient dressées et pointées sur elle. »

Aux « parvulos » de Meudon il y avait la princesse de Conti, la fille de La Vallière, extrêmement gracieuse, comme sa mère, et pas très intelligente. Il y avait Mme la duchesse, fille de la Montespan, qui avait, elle aussi comme sa mère, tout l'esprit des Mortemart, et excellait aux « chansons les plus cruelles dont elle affublait

gaîment les personnes qu'elle semblait aimer »;
d'ailleurs une séduction irrésistible, une « figure
formée par les plus tendres amours » : c'était, dit
Saint-Simon, « la sirène des poètes. La comtesse
de Lillebonne, une princesse lorraine, avec ses
deux filles dont l'une, Mme d'Espinoy, était
employée par Mme de Maintenon à espionner
la duchesse de Bourgogne. Enfin le grand homme
de la cabale, c'était Vendôme, — encore un
bâtard, — qui, descendant de Henri IV, avait un
peu de son génie et tous ses vices, auxquels il
en ajoutait.

Saint-Simon n'a pas tracé de portrait plus
repoussant que celui de ce grand seigneur débraillé dont il a fait le type du cynique. Avec
cette vigueur de pinceau que soutient son
incroyable puissance de haine, à traits maintes
fois répétés et chaque fois appuyés davantage,
il a peint l'audace effrénée, l'impudence et l'insolence de ce « prince des superbes ». Il a dit sa
paresse, son insouciance, son imperturbable confiance en soi, et sa basse débauche dont il portait
les stigmates sur son visage rongé par un mal
hideux qui lui avait emporté une partie du
nez, insistant surtout sur sa saleté, et donnant
sur cette saleté des détails qui soulèvent le
cœur. « Il était plein de chiens et de chiennes
dans son lit, qui y faisaient leurs petits à ses
côtés. Lui-même ne s'y contraignait de rien :
une de ses thèses était que tout le monde en

usait de même, mais n'avait pas la bonne foi d'en convenir comme lui.... Il se levait assez tard à l'armée, se mettait sur sa chaise percée, y faisait ses lettres et y donnait ses ordres du matin.... Il avait accoutumé l'armée à cette infamie. Là il déjeunait et souvent avec deux ou trois familiers, rotait d'autant soit en mangeant, soit en écoutant, ou en donnant des ordres, et toujours force spectateurs debout.... » Et le portrait continue, dégoûtant de passages qu'on ne peut plus citer, roulant des ordures, souillé de matières infectes, tel que, dans toute l'œuvre d'Émile Zola, on ne trouverait rien qui en approche, énorme et immonde, et qui atteint au grandiose dans l'ignoble.

En face de cette violence et de cette grossièreté, une autre cabale, celle des honnêtes gens, des bons, des doux, des purs, des pieux, des dévots. Saint-Simon a mis tout son art à trouver des touches délicates, discrètes, secrètes pour exprimer l'intimité de leur entente et le raffinement de leur spiritualité. Il a fait flotter autour d'eux ce mystère dont ils aimaient à s'envelopper. Il nous a fait deviner en eux ce je ne sais quoi de naïf et de fort en même temps, cette assurance d'affiliés qui ont pour se reconnaître entre eux un signe que les autres n'ont pas, cette confiance inébranlable d'initiés à qui la révélation a été faite et qui la possèdent en commun. Ceux-là vont à travers les contrariétés, les heurts, les misères du présent, les yeux fixés vers un avenir qui les paiera de toutes leurs peines. Ils vivent dans l'attente. Ce sont les illuminés et les mystiques. Saint-Simon les appelle « le petit troupeau », car un pasteur les guide et ils marchent à l'étoile.

C'est l'entourage du duc de Bourgogne.

D'abord les deux ducs, Beauvilliers et Chevreuse, qui étaient beaux-frères, ayant épousé deux filles de Colbert : une seule âme en deux corps. Beauvilliers avait eu une singulière éducation. Jusqu'à sept ans, il avait été élevé dans la loge du concierge. Ses parents, s'étant alors souvenus de lui, l'avaient mis en pension chez un chanoine. « Tout le domestique du chanoine consistait en une servante qui mit le petit garçon coucher avec elle, lequel y couchait encore à quatorze et quinze ans, sans penser à mal ni l'un ni l'autre, ni le chanoine s'aviser qu'il était un peu grand. » Tout est sain aux sains. Étranger à toute intrigue, vivant à la cour comme dans un désert, communiant chaque matin, ce gouverneur du duc de Bourgogne fait songer, en plein Versailles, au pieux solitaire de quelque thébaïde. Non moins admirable de sérénité, le duc de Chevreuse : « jamais homme ne posséda son âme en paix comme celui-là : comme dit le Psaume, il la portait dans ses mains ». Belle âme, mais esprit faux. Saint-Simon dit : esprit géomètre. C'est ce goût de l'abstrait et de l'absolu qui, appliqué aux affaires, le fit se ruiner complètement, et, par ailleurs, le livra sans défense « aux prestiges de la Guyon et aux fleurs de M. de Cambrai ».

Car ici le maître et le guide, le plus séduisant des maîtres et le plus aventureux des guides, c'était cet énigmatique Fénelon. Lui aussi s'était laissé prendre aux prestiges de la Guyon : « Il la vit, leur esprit se plut l'un à l'autre, leur sublime s'amalgama. » Tous ces « beaux esprits chimériques », comme disait Louis XIV, étaient faits pour s'entendre, se cherchaient et se rencontraient par une sorte d'attirance. Ce fut pour Fénelon l'origine d'une disgrâce, sur laquelle Louis XIV ne voulut jamais revenir, mais qui ne réussit nullement à disperser le petit troupeau, et peut-être au contraire l'attacha davantage à son chef, grandi par l'éloignement. A deux reprises, le duc de Bourgogne, se rendant en Flandre, s'arrête à Cambrai, malgré la défense du roi, tient son précepteur étroitement embrassé, et leurs yeux se disent ce que les mots n'auraient pas exprimé avec autant d'éloquence. Cela fut remarqué, vous n'en doutez pas. « Et les gens qui songeaient à l'avenir prirent depuis leur chemin par Cambrai plus volontiers que par ailleurs pour aller ou revenir de Flandre. » Maintenant que nous avons vu le gouverneur, Beauvilliers, et le précepteur, Fénelon, il est temps de voir l'élève, le duc de Bourgogne.

Tout le monde a dans la mémoire le portrait que Saint-Simon a tracé du duc de Bourgogne et le contraste qu'il établit entre la violence d'instincts manifestée par l'enfant et la transformation presque excessive que l'éducation produisit chez le jeune homme. « Ce prince, héritier nécessaire puis présomptif de la couronne, naquit terrible, et sa première jeunesse fit trembler ; dur et colère jusqu'aux derniers emportements, et jusque contre les choses inanimées ; impétueux avec fureur, incapable de souffrir la moindre résistance, même des heures et des éléments, sans entrer en des fougues à faire craindre que tout ne se rompît dans son corps ; opiniâtre à l'excès ; passionné pour toute espèce de volupté, et des femmes et, ce qui est rare à la fois, avec un autre penchant tout aussi fort. Il n'aimait pas moins le vin, la bonne chère, la chasse avec fureur, la musique avec une sorte de ravissement, et le jeu encore, où il ne pouvait supporter d'être vaincu, et où le danger avec lui était extrême ; enfin, livré à toutes les passions et transporté de tous les plaisirs ; souvent farouche, naturellement porté à la cruauté, barbare en railleries et à produire les ridicules avec une justesse qui assommait. De la hauteur des cieux il ne regardait les hommes que comme des atomes avec qui il n'avait aucune ressemblance, quels qu'ils fussent. »

Le duc de Bourgogne fut-il jamais le monstre de perversité que Saint-Simon a dépeint en lui? Je ne le crois pas. C'était un enfant quand il fut remis entre les mains de Fénelon; or certains vices attendent le nombre des années. Comment, si jeune, aurait-il pu les avoir tous? Mais nous saisissons ici sur le vif le procédé littéraire de Saint-Simon. Nous le prenons sur le fait, en train de forcer les couleurs pour mieux ménager l'effet de contraste et rendre l'opposition plus tranchée et plus saisissante.

Il reste qu'il y eut chez le prince, entre dix-huit et vingt ans, une crise d'austérité dont s'inquiéta à juste titre la clairvoyance de Saint-Simon. Il s'en ouvrit à Beauvilliers, à qui apparemment il en faisait remonter la responsabilité. Il y a dans les *Mémoires* un Discours sur le duc de Bourgogne, plein des meilleurs conseils. Le jeune prince fuit le monde, s'enferme dans son cabinet, s'adonne aux sciences abstraites ; ou, par réaction, il a des gaîtés de séminariste, s'amuse à écraser des mouches ou à jouer au volant. Surtout son excessive dévotion peut devenir un danger pour l'État. « On pense avec angoisse que le ministère ne sera plus séparable de la théologie... Et on jette tristement les yeux sur les derniers princes de la maison d'Autriche qui ont porté la couronne d'Espagne. » Pour devenir tel qu'il devrait être et ravir tous les cœurs, le prince n'a pas loin à aller chercher son modèle ; il l'a sous les yeux, et c'est cette exquise duchesse de Bourgogne.

La duchesse de Bourgogne, c'est le sourire et c'est la gaîté des *Mémoires*. La page où elle paraît, aussitôt s'illumine. En portraitiste exact, incapable de ne pas reproduire un trait qui est dans la nature, Saint-Simon n'a dissimulé ni les joues pendantes, ni le front trop avancé, ni les yeux qui ne disent rien, ni les grosses lèvres, ni les dents toutes pourries de la duchesse de Bourgogne. Mais elle était de celles chez qui la grâce est la plus forte : tout en elle était un charme, jusqu'aux défauts, jusqu'à ce « soupçon de goitre qui ne lui seyait point mal. » « Et puis elle avait une marche de déesse sur les nuées : elle plaisait au dernier point. Les grâces naissaient d'elles-mêmes de tous ses pas, de toutes ses manières et de ses discours les plus communs. » Quand elle arriva de Savoie, petite princesse de douze ans, dans cette cour déjà attristée de Louis XIV, ce fut une bouffée de jeunesse, un rayon de soleil printanier. Elle fit la conquête du vieux roi et de la sage Maintenon ; elle la fit, et probablement elle la fit exprès, car elle avait reçu avant son départ des instructions très précises et il y avait dans son espièglerie bien de l'adresse. Tout de suite elle se mit sur le pied d'enfant gâtée auprès de Louis XIV, et gagna Mme de Maintenon en l'appelant « ma tante ». En public, sérieuse, mesurée : « en particulier, causant, sur-

　　　　　　7

tout voltigeant autour d'eux, tantôt perchée sur les bras du fauteuil de l'un ou de l'autre, tantôt se jouant sur leurs genoux, elle leur sautait au cou, les embrassait, les baisait, les caressait, les chiffonnait, leur tirait le dessous du menton, les tourmentait, fouillait leurs tables, leurs papiers, leurs lettres, les décachetait, les lisait quelquefois malgré eux.... Si libre qu'entendant un jour le roi et Mme de Maintenon parler avec affection de la cour d'Angleterre : « Ma tante, se mit-elle à « dire, il faut convenir qu'en Angleterre les « reines gouvernent mieux que les rois, et savez-« vous bien pourquoi ma tante ? » — et toujours courant et gambadant — « c'est que sous les « rois ce sont les femmes qui gouvernent et ce « sont les hommes sous les reines. » L'admirable est qu'ils en rirent tous deux et qu'ils trouvèrent qu'elle avait raison.

A l'époque où nous sommes, il y a non pas un désaccord, mais enfin une certaine mésentente entre ce petit dévot de mari et cette enfant gâtée, qu'on affole de plaisir. « Je voudrais mourir, disait la petite duchesse, rien que pour voir ce que ferait mon mari : je suis sûre qu'il épouserait une sœur grise. »

Les deux cabales, de Meudon et de Bourgogne, furent aux prises, l'année 1708, lors de la campagne de Flandre. Louis XIV avait eu l'idée fâcheuse de diviser le commandement entre Vendôme et le duc de Bourgogne. Le résultat fut désastreux : la campagne, commencée par la défaite d'Oudenarde, s'acheva par la capitulation de Lille. Vendôme eut beau jeu à rejeter toutes les fautes, même les siennes, sur le duc de Bourgogne. Il reste néanmoins que nos revers furent en partie imputables au manque de capacité militaire du jeune prince, à son indécision et à sa timidité. Quand le duc de Bourgogne revint à la cour, Louis XIV sut ne pas humilier un prince placé si près de la couronne ; mais l'opinion lui fut moins indulgente ; ceux de Meudon triomphaient : l'esprit caustique de Mme la duchesse fit merveilles. Ceux qui ont l'âme naturellement grande, c'est dans l'infortune qu'ils se révèlent. On attaquait son mari : la duchesse de Bourgogne sut le défendre et tenir tête à l'opinion avec une noblesse d'attitude, une fierté magnifique. C'est un des traits qu'a le mieux mis en lumière M. le comte d'Haussonville dans son beau livre sur *la Duchesse de Bourgogne et l'alliance savoyarde* que je suis ici pas à pas. Cependant un coup de théâtre allait soudain éclater, et changer la face des choses.

Le jeudi 10 avril 1711, on apprenait que Monseigneur, comme il s'habillait pour aller courre le loup, avait été pris d'une faiblesse. Le mal empira promptement. Ce fut la conversation de toute la cour. Saint-Simon, à Versailles, recueillait les nouvelles qui d'heure en heure devenaient plus mauvaises, et à mesure lui causaient plus de plaisir. Pourtant, le 14 avril au soir, il eut un moment d'inquiétude : Monseigneur allait mieux. Saint-Simon était avec la duchesse d'Orléans : tous deux se lamentèrent de voir « Monseigneur échapper, à son âge et avec sa graisse, d'un mal si dangereux. ». On pouvait tout craindre : cette maladie n'aurait été pour lui qu'une grande purgation, un brevet de longévité. C'était à désespérer.... Mme de Saint-Simon, présente à l'entretien, tâchait d'enrayer ces propos étranges ; mais toujours « l'enrayure cassait » et la conversation reprenait avec des sentiments très humains, mais qui n'étaient pas « selon la religion ». Enfin, le lendemain, Monseigneur mort et bien mort, quelle fut la joie de Saint-Simon, je renonce à en donner une idée, mais d'ailleurs ce n'est pas la question ; la joie même, chez Saint-Simon, en un pareil moment, céda à un autre sentiment plus fort, plus impérieux : la curiosité. Et c'est ici qu'il faut le voir dans l'exercice de son métier de psychologue. Car l'instant est unique et il n'est pas homme à le laisser échapper. Ces grands coups de la destinée, — par leur soudaineté qui déconcerte, et parce qu'ils provoquent une de ces crises où tout le passé et tout l'avenir tiennent dans un bref raccourci, — sont vraiment providentiels pour qui veut dans une brusque déchirure découvrir le fond des âmes. Comme un Racine qui, pour nous faire connaître ses personnages, choisit l'instant de la crise, Saint-

Simon comprend que c'est le moment pour lui de se livrer à cette investigation des consciences qui est son perpétuel objet. Et il s'y donne tout entier avec une joie, qui n'est plus la joie maligne du courtisan appliqué à se venger, mais cette sorte de joie professionnelle qu'on éprouve à faire son métier, et à profiter de l'occasion qui met à votre disposition une riche matière.

C'est lui-même qui va nous le dire, et en quels termes ! « Il faut avouer que, pour qui est bien au fait de la carte intime d'une cour, les premiers spectacles d'événements rares de cette nature, si intéressants à tant de divers égards, sont d'une satisfaction extrême. Chaque visage vous rappelle les soins, les intrigues, les sueurs.... La promptitude des yeux à voler partout, en sondant les âmes, à la faveur de ce premier trouble de surprise et de dérangement subit... tout cet amas d'objets vifs et de choses si importantes forme un plaisir à qui le sait prendre qui, tout peu solide qu'il devient, est un des plus grands dont on puisse jouir dans une cour. Ce fut donc à celui-là que je me livrai tout entier.... J'avais si fort imprimé dans ma tête les différentes cabales, leurs subdivisions, leurs replis, leurs divers personnages et leurs degrés, la connaissance de leurs chemins, de leurs ressorts, de leurs divers intérêts, que la méditation de plusieurs jours ne m'aurait pas développé et représenté toutes ces choses plus nettement que ce premier aspect de tous les visages, qui me rappelaient encore ceux que je ne voyais pas et qui n'étaient pas les moins friands à s'en repaître. »

Donc il nous décrit ce qu'il appelle lui-même : le « spectacle à Versailles ». Il nous fait entendre dans les premières pièces « les mugissements contenus des valets.... Plus avant commençait la foule des courtisans de toute espèce. Le plus grand nombre, c'est-à-dire les sots, tiraient des soupirs de leurs talons.... » Et nous voyons le duc de Bourgogne verser des « larmes de religion ». Et nous entendons le duc de Berry sonner la « trompette du désespoir ». C'est ici une des parties les plus fameuses des *Mémoires* ; il faudrait tout citer : il est plus simple de vous renvoyer au texte lui-même. Ce tableau magistral est au centre des *Mémoires*, ou, pour parler plus juste, il en est l'aboutissement : c'est là que s'épanouit ce génie de moraliste dont j'essaie de vous montrer qu'il est chez Saint-Simon l'essentiel. Il n'y a pas d'ailleurs de plus belle planche d'anatomie morale, il n'y a pas de plus parfait chef-d'œuvre de psychologie, à la fois individuelle et collective.

Le petit troupeau savait bien que son heure viendrait. Il n'a pas vainement attendu le Messie. Les temps sont arrivés, et déjà commence l'avant-règne du duc de Bourgogne. Le jeune prince s'essaie au pouvoir dont Louis XIV lui-même lui confère une part, se met au niveau de ses nouveaux devoirs, se débarrasse de ses puérilités, et témoigne de réelles qualités de gouvernement. Saint-Simon, qui n'était pas encore en relations intimes avec celui dont les circonstances viennent de faire le Dauphin, s'en rapproche avec une habileté de courtisan consommé. Il sait qu'il est en accord avec lui sur beaucoup de points : il lui expose ses idées en des entretiens qui ont lieu en grand mystère, à l'insu de tous, même de la duchesse de Bourgogne, qui un jour les surprit. Il arrive, les poches bourrées de plans et de mémoires, et ce sont de longs et intimes conciliabules d'où Saint-Simon sort ravi, assistant déjà à l'avènement de ses plus chères espérances : la noblesse rétablie dans ses droits, les erreurs du règne qui s'achève réparées, la France restaurée....

C'était trop beau ; quelques mois à peine se passèrent dans cette plénitude et déjà toutes ces espérances étaient brisées par un de ces coups brutaux et bêtes, où les anciens voyaient un effet de la jalousie des dieux. Ce séjour de Versailles, où tant de personnes étaient entassées sur un si petit espace, était déplorable au point de vue de l'hygiène. Pour peu qu'il s'y déclarât une « maladie de venin », c'était une hécatombe. Il y eut, au début de 1712, une épidémie de rougeole pourprée. La Dauphine succomba la première : « Avec elle s'éclipsèrent joie, plaisirs, amusements et toutes espèces de grâces : les ténèbres couvrirent toute la surface de la cour. » Puis ce fut le tour du Dauphin. Saint-Simon le pleura de tout son cœur d'ami, de toute son âme de Français. La page des *Mémoires* où il lui adresse un suprême adieu, a l'émotion des douleurs intimes et la gravité des deuils publics : « Grand Dieu ! quel spectacle vous donnâtes en ui et que n'est-il permis encore d'en révéler des parties également secrètes et si sublimes qu'il n'y a que vous qui les puissiez donner et en connaître tout le prix ! quelle imitation de Jésus-Christ sur la croix ! on ne dit pas seulement à l'égard de la mort et des souffrances, elle s'éleva bien au-dessus. Quelles tendres mais tranquilles vues ! quel surcroît de détachement ! quels vifs élans d'actions de grâces d'être préservé du sceptre et du compte qu'il faut en rendre ! quelle soumission et combien parfaite ! quel ardent amour de Dieu ! quel perçant regard sur son néant et ses péchés ! quelle magnifique idée de l'infinie miséricorde ! quelle religieuse et humble crainte ! quelle tempérée confiance ! quelle sage paix ! quelles lectures ! quelles prières continuelles ! quel ardent désir des derniers sacrements ! quel profond recueillement ! quelle invincible patience ! quelle douceur ! quelle constante bonté pour tout ce qui l'approchait ! quelle charité pure qui le pressait d'aller à Dieu ! La France tomba enfin sous ce dernier châtiment : Dieu lui montra un prince qu'elle ne méritait pas.

La terre n'en était pas digne, il était mûr déjà pour la bienheureuse éternité ! »

Le chapitre sur la mort du duc de Bourgogne témoigne chez Saint-Simon d'une qualité que nous ne lui connaissions pas encore : la tendresse. Elle révèle en outre chez lui un don qu'on lui conteste trop souvent : la clairvoyance politique. L'activité pratique de l'homme d'État, il ne l'avait pas ; mais le coup d'œil du penseur, c'est autre chose. A la mort du duc de Bourgogne, il a eu cette intuition que dans les destinées de la France venait de se produire un de ces échecs dont les lointaines conséquences sont incalculables. Qu'aurait été le duc de Bourgogne au pouvoir? Nous savons fort bien quels étaient ses projets, et nous avons pour nous renseigner deux documents de premier ordre : l'un, ce sont les *Projets de gouvernement du duc de Bourgogne*, rédigés par Saint-Simon ; l'autre, ce sont *les Tables de Chaulnes*, rédigées par Fénelon. Sans entrer dans le détail, et en nous tenant aux grandes lignes, nous pouvons dire que les conseillers du duc de Bourgogne et le duc lui-même avaient très nettement vu que le système de gouvernement de Louis XIV était la fin d'une formule, le dernier terme d'une méthode qui était allée jusqu'au bout de son principe et qui était épuisée. Il fallait autre chose : il fallait retremper la royauté dans la nation. C'était l'idée du duc de Bourgogne.

Les idées valent ce que valent les hommes qui les appliquent. Je remarque que le duc de Bourgogne n'a cessé de progresser et de s'améliorer. Son éducation n'a jamais supprimé en lui cette humeur impérieuse, qui était affaire de tempérament et qui est nécessaire à celui qui un jour doit être le maître. Sa crise de dévotion, en s'apaisant, ne lui a laissé qu'une conscience plus profonde de son devoir. Aurait-il été saint Louis? Aurait-il été Marc-Aurèle? Il aurait été peut-être le souverain honnête homme, éclairé, réformateur énergique, dont la France avait besoin et qui l'aurait aidée à doubler le cap des tempêtes. Ce n'est qu'une hypothèse, je le sais. Mais cette hypothèse n'est pas plus arbitraire que ne sont les théories de ceux qui, introduisant le fatalisme dans l'histoire, veulent que les pires maux y aient été des maux nécessaires. Il s'est trouvé jusqu'à de nobles esprits pour faire honneur à la Révolution de ses crimes, du sang versé, de la page sinistre par laquelle elle a jeté le défi à cette humanité qu'elle invoquait. Ne croyons jamais qu'une cruauté qui a été commise dût être commise. La Révolution était inévitable, soit! Qui ne voit quelle différence si la Révolution avait été faite par la royauté, et si cette royauté qui venait des siècles avait elle-même mené le passé vers l'avenir, nous épargnant ainsi le déchirement intime dont nous n'avons pas cessé de souffrir?

C'est sur cette vision que je termine. Nous qui raisonnons à loisir sur les événements accomplis, sachons gré à Saint-Simon du pressentiment, quel qu'il soit, qu'il en a eu.... Mais le duc de Bourgogne était mort ; le duc de Berry le suivait bientôt dans la tombe; Beauvilliers, Chevreuse, Fénelon mouraient coup sur coup. Seul Louis XIV leur survivait à tous, et c'était lui que maintenant Saint-Simon fouillait de ses regards.

QUATRIÈME CONFÉRENCE

LE PORTRAIT DU ROI

IV. — LE PORTRAIT DU ROI

L A mort de la duchesse de Bourgogne, suivie
si promptement de celle de l'admirable
Dauphin, puis de celle du duc de Berry, ce fut
le coup dont Louis XIV ne se releva pas. Depuis
lors, il ne fit que languir. Le chagrin s'empara de
lui, sous la forme d'un morne ennui que rien ne
parvenait plus à dissiper. Vainement Mme de
Maintenon s'évertuait, organisait des parties,
des concerts, des comédies, des loteries, appelait
à l'aide le maréchal de Villeroy pour amuser le
roi par les vieux contes de leur jeunesse. Rien
n'y faisait. Jusqu'alors il n'avait donné aucun
signe qui se pût appeler de déchéance physique :
il eut tout à coup soixante-quinze ans. Il continuait de remplir sa fonction royale avec sa régularité de toujours ; mais c'était maintenant une
régularité d'automate : le cœur n'y était plus.
Chacun, pressentant qu'on allait changer de
maître, prenait ses dispositions en conséquence :
il le voyait et le tolérait. « Il commençait à être

si dégoûté de tout... qu'il ne prenait presque plus de part à rien. » Mme de Maintenon et le duc du Maine, comprenant qu'il n'y avait plus de temps à perdre, le pressaient, l'assiégeaient, le « chambraient », afin de lui extorquer un testament. Il signa tout ce qu'on voulut, pour avoir la paix. Il n'avait plus souci que de tranquillité et de silence : l'ombre s'étendait.

Le 13 août 1715, il présida encore à une action publique. A vrai dire, ce fut une sinistre mascarade. Pour lui donner l'illusion que le prestige de sa royauté continuait de s'étendre jusqu'aux confins du monde, on avait costumé un comparse en ambassadeur persan. Le roi, dupé, le reçut en grand habit constellé de pierreries et le renvoya comblé de cadeaux. Cette audience de congé fatigua fort le roi. Et le mal qui devait l'emporter, une gangrène du pied, ne cessa plus de faire de rapides progrès.

Le 25 août, fête de Saint-Louis, il sentit que son heure approchait. Certes, il n'avait jamais tremblé devant la mort, mais il en avait l'horreur instinctive, la répulsion commune à tous ceux qui aiment passionnément la vie. Il en fuyait les spectacles, il détournait les yeux de son lugubre appareil. Maintenant, et puisque la mort était là, il fallait lui faire face, sans bravade et sans faiblesse, en homme qui a erré, en chef d'État qui s'est trompé, en chrétien qui a péché et qui va comparaître devant son Dieu.

Il voulut prendre congé de tous, avec cette dignité d'attitude et cette justesse de langage dont il ne s'était jamais départi. Comme il adressait son adieu à ceux qui avaient les entrées, il s'aperçut que sa voix tremblait ; aussitôt il réprima son émotion : « Je sens que je m'attendris et que je vous attendris aussi ; je vous en demande pardon. Adieu, messieurs, je compte que vous vous souviendrez quelquefois de moi. » Quelle discrétion ! C'est la grande manière.

La scène avec le petit Dauphin, le futur Louis XV, fut particulièrement touchante. « Il manda à la duchesse de Ventadour de lui amener le Dauphin. Il le fit approcher et lui dit : « Mon enfant, vous allez être un grand roi : ne m'imitez pas dans le goût que j'ai eu pour les bâtiments, ni dans celui que j'ai eu pour la guerre ; tâchez, au contraire, d'avoir la paix avec vos voisins Rendez à Dieu ce que vous lui devez ; reconnaissez les obligations que vous lui avez, faites-le honorer par vos sujets. Suivez toujours les bons conseils, tâchez de soulager vos peuples, ce que je suis assez malheureux pour n'avoir pu faire. N'oubliez point la reconnaissance que vous devez à Mme de Ventadour. Madame, — s'adressant à elle, — que je l'embrasse. » Et, en l'embrassant, il lui dit : « Mon cher enfant, je vous donne ma bénédiction de tout mon cœur. »

Pour chacun il eut les mots qu'il fallait. Le 28, il vit dans le miroir de sa cheminée deux garçons de sa chambre qui pleuraient. Il leur dit : « Pourquoi pleurez-vous? Est-ce que vous m'avez cru immortel? Pour moi, je n'ai point cru l'être. » Le 29, il se produisit ce mieux qui souvent précède la fin. Le 31, dans la soirée, on lui dit les prières des agonisants : elles le tirèrent de sa torpeur. Il répéta plusieurs fois *Nunc et in horâ mortis*, puis dit : « O mon Dieu ! Venez à mon aide, hâtez-vous de me secourir ! » Ce furent ses dernières paroles. Il mourut le dimanche 1ᵉʳ septembre, à huit heures un quart du matin, trois jours avant qu'il eût soixante-dix-sept ans accomplis, dans la soixante-douzième année de son règne. L'accueil qu'un homme fait à la mort est un grand élément du jugement à porter sur lui : il n'y a pas de mort plus simplement belle que celle de Louis XIV, plus résignée, plus chrétienne, plus admirable de sérénité.

Il fut peu regretté, s'il faut en croire Saint-Simon, qui fait à ce propos une de ces revues où excellait son regard, impitoyable à scruter les consciences. Sa belle-fille, la duchesse de Berry, ne l'aimait pas ; son neveu, le duc d'Orléans, ne se sentait nulle envie de le pleurer. Quant à Mme de Maintenon, elle était excédée du roi : elle ne savait plus qu'en faire. Celui-ci, à ses derniers moments, et en manière de consolation, lui ayant dit qu'à l'âge où elle était, elle ne tarderait pas à le rejoindre, cela ne lui avait fait aucun plaisir...

Le duc du Maine se distingua par son inconvenance. D'humeur facétieuse, il avait un talent particulier pour les imitations. Aux derniers jours de la maladie du roi, se produisit un de ces incidents comiques qui se mêlent aux pires tragédies. Comme les médecins y perdaient leur latin, on fit venir un empirique, pour la plus grande humiliation de Fagon, qui s'était « limaçonné en grommelant sur son bâton, sans oser répliquer ». Le soir, chez lui, ce bon et tendre fils conta si plaisamment l'aventure à ceux de son intimité, — et se limaçonna si bien, — que les voilà tous aux grands éclats de rire, et qu'on les entendit de ces antichambres où tout se taisait sur le passage de la mort.

Le comte de Toulouse était peu démonstratif. « Sa tranquillité glacée ne s'en haussa, ni baissa. » Pour Mme la duchesse, « on lui reprochait depuis toute sa vie qu'elle n'avait pas de cœur, mais seulement un gésier ». La circonstance ne fit pas que ce gésier devînt un cœur.... Restent les courtisans : vous les connaissez. Leur troupe volante accourt, s'enfuit, revient, suivant qu'elle aperçoit l'ombre du pouvoir et l'image de la faveur. Depuis le début de la maladie du roi, elle emplit l'appartement du duc d'Orléans. Le jeudi, comme nous l'avons vu, on constate un mieux dans l'état du moribond : sa forte constitution allait-elle prendre le dessus? « J'allai, ce jour-là, sur les deux heures après-midi, chez

M. le duc d'Orléans dans les appartements duquel la foule était au point, depuis huit jours et à toute heure, qu'exactement parlant une épingle n'y serait pas tombée à terre. Je n'y trouvai qui que ce soit. Dès qu'il me vit, il se mit à rire et à me dire que j'étais le premier homme qu'il eût encore vu chez lui de la journée qui, jusqu'au soir, fut entièrement déserte chez lui. » Saint-Simon conclut : voilà le monde!

Ajoutez qu'on était fatigué de la contrainte que l'austérité du vieux roi faisait peser sur tout et sur tous. Et puis on aime les nouveautés. Paris et les provinces respirèrent. Il n'y eut pour regretter le roi que ses valets intérieurs et aussi les ministres et les financiers, enfin, dit Saint-Simon, la canaille. Mais quoi! Hommages, respects, adorations, ce sont de grandes vanités. Voilà le monde.

Ici Saint-Simon s'interrompt dans son récit, et se réserve une large place pour y installer le portrait du roi. C'est sa méthode ordinaire, celle qu'il applique à tout personnage de quelque importance. Il commence par nous en donner des croquis rapides, notes et impressions, chaque fois que l'occasion s'en présente. Nous voyons peu à peu l'homme se modifier avec les années, évoluer avec la vie. Puis, lorsqu'il est frappé par la mort, Saint-Simon, embrassant du regard toute sa carrière, brosse le tableau d'ensemble. Nous avons ainsi des ébauches successives et le portrait définitif.

Pour ce qui est de Louis XIV, on peut dire qu'il n'y a pas une page, dans la première partie des *Mémoires*, où il ne soit question de lui. A l'armée, à la Cour, dans les affaires et dans les fêtes, nous le retrouvons sans cesse peint par une anecdote, par un mot, par un trait de caractère : lui partout, lui toujours. C'est même sa présence continuelle qui donne tant d'intérêt à cette première partie des *Mémoires*, tant d'unité et tant de force au récit. On s'est souvent demandé d'où vient que la seconde partie des *Mémoires* est sensiblement inférieure à la première. Saint-Simon n'y a pas moins de verve, et il a été mêlé plus directement aux affaires. Oui, mais Louis XIV n'est plus là, et c'est lui qui manque. Il était le centre autour duquel se groupait et s'étageait cette hiérarchie qu'il avait créée ; il y avait un peu de sa grandeur dans la grandeur de tous les autres ; et c'est sans doute ce que voulaient dire les poètes de son temps quand ils le comparaient au soleil, dont un autre poète a dit que sans lui les choses ne seraient que ce qu'elles sont.

Au moment d'aborder le portrait du roi, Saint-Simon, pénétré de la grandeur de sa tâche, s'arrête et se recueille. Il fait effort pour se mettre dans les dispositions qui conviennent. Il nous promet et il se promet à lui-même « d'en parler sans haine ou sans flatterie, de n'en rien dire que dicté par la vérité nue en bien et en mal ». Encore une fois, je ne doute pas de la bonne volonté de Saint-Simon. Il a fait sincèrement effort d'impartialité. J'ajoute qu'il le devait faire. Je vous ai dit quels avaient été ses rapports avec Louis XIV et qu'il n'avait jamais eu à s'en plaindre, tout au contraire. Corneille, parlant de Richelieu qui avait fait censurer le *Cid* par Chapelain, écrivait :

Il m'a fait trop de bien pour en dire du mal;
Il m'a fait trop de mal pour en dire du bien.

Mais Louis XIV n'avait pas fait de mal à Saint-Simon. Saint-Simon avait été son hôte pendant vingt-deux ans : cela crée des devoirs. Il l'avait vu souffrir : cette souffrance en commun est le plus subtil des liens, et le plus fort. Enfin il avait l'âme très française, et un secret instinct l'avertissait que dire du mal de Louis XIV ce n'est pas d'un très bon Français. Il est donc certain qu'il a fait tout ce qu'il a pu pour « suspendre de bonne foi toute passion ».

Et il est non moins certain qu'ici encore la passion a été la plus forte. Nous connaissons trop bien Saint-Simon, par tout ce que nous en avons vu jusqu'ici, et nous savons trop bien entre quelles barrières de préventions il est enfermé, pour ne pas être sûrs d'avance que l'image de Louis XIV lui apparaîtra toute déformée.

Pour bien comprendre la signification de ce portrait du roi, tel qu'il est tracé dans les *Mémoires*, il faut en rapprocher un autre ouvrage de Saint-Simon, intitulé : *Parallèle des trois premiers rois Bourbons*. C'est, remplissant tout un volume, un long parallèle, à la manière de Plutarque, où Saint-Simon compare Henri IV, Louis XIII et Louis XIV, — pour donner la préférence à Louis XIII ! Dans cet étonnant parallèle, Saint-Simon ne se cache pas d'avoir voulu acquitter une dette de famille et faire un sort aux récits qu'il tenait de son père, le vieux Claude de Saint-Simon. On y voit, entre autres choses surprenantes, que Louis XIII n'a jamais été un pantin aux mains de Richelieu : c'est lui au contraire qui jouait du terrible ministre comme d'une simple marionnette! Le vieux Claude de Saint-Simon en citait comme preuve que maintes fois, éveillé la nuit par la clarté des flambeaux, il avait vu Richelieu entrer dans sa chambre, s'asseoir sur son lit et, tout tremblant, le supplier d'intervenir pour lui auprès de son maître, qui voulait le chasser. Grand capitaine, grand politique, avec cela chaste et dévot, qu'a-t-il manqué à Louis XIII de ce qui fait un grand roi? Sous la Restauration, Michelet commençait un de ses cours par cette phrase paradoxale qui le fit vigoureusement applaudir d'un auditoire libéral : « Le grand siècle, c'est le XVIIIe que je veux dire. » On résumerait assez bien le *Parallèle des trois premiers rois Bourbons* par cette phrase : « Le grand roi, c'est Louis XIII que je veux dire. » Trop est trop. Si Louis XIII est Louis le Grand, qu'est-ce alors que Louis XIV?

Ce qu'il est? Saint-Simon va nous le dire. Ici, il faut citer, car ce sont des choses qui ne s'inventent pas et qui d'ailleurs se passent de commentaires. C'est dans les *Mémoires*, à propos de je ne sais quelle prétention de l'électeur de Bavière et parce que l'usage s'établit de dire « l'électeur de Bavière » au lieu de « Monsieur l'électeur ». « Ainsi tout passe, tout s'élève, tout s'avilit, tout se détruit, tout devient chaos, et il se peut dire et prouver, pour qui voudrait descendre dans le détail, que le roi, dans la plus grande prospérité de ses affaires et plus souvent encore depuis leur décadence, n'a été, pour le rang et la supériorité pratique et reconnue de tous les autres rois et de tous les souverains non rois, qu'*un fort petit roi*, en comparaison de ce qu'ont été à leur égard à tous et sans difficulté aucune nos rois : Philippe de Valois, Jean II, Charles V, Charles VI.... » Louis XIV et Charles VI! Louis XIV un peu en dessous de Charles VI! Louis XIV un « fort petit roi, » le mot y est : Louis le petit !

Non, le portrait ne sera pas impartial, il

ne sera pas juste, il ne sera pas exact. Mais il y aura des parties de ressemblance saisies avec cette pénétration, accusées avec cette puissance de relief qui est le propre de Saint-Simon. Il y aura des traits qui ne sont que là, avec une variété d'aperçus, de contrastes, de contradictions d'où ressortira une image extraordinairement vivante.

Regardons-le « de tous nos yeux ».

***

Passons d'abord rapidement sur un chapitre, qui appartient moins à l'histoire qu'à la chronique, mais que Saint-Simon, avec son sens aigu de la vie, n'a eu garde de négliger. Les Goncourt avaient coutume de dire qu'une époque dont nous ne possédons pas un morceau d'étoffe et un menu de dîner, nous ne la voyons pas vivre. Saint-Simon s'était avisé, avant eux, qu'un homme dont nous ignorons les habitudes et les manies, nous ne le voyons pas vivre. Aussi, attache-t-il une grande importance à décrire en détail ce qu'il appelle la « mécanique » des après-dîners et des après-soupers du roi, — ce que nous appelons « sa journée ». Cette journée est réglée dans un ordre immuable, sauf en campagne, bien entendu, où les ennemis ne règlent pas leurs mouvements sur les occupations du roi. En campagne, c'est le protocole qui a tort. Par exemple, on y voit le roi manger avec du monde, avec du monde très bien, mais enfin avec du monde. « À ces repas, tout le monde était couvert : c'eût été un manque de respect dont on vous aurait averti sur-le-champ de n'avoir pas son chapeau sur sa tête.... On se découvrait quand le roi vous parlait ou pour parler à lui.... Ailleurs qu'à l'armée, le roi n'a jamais mangé avec aucun homme, en quelque cas que ç'ait été, non pas même avec aucun prince du sang, qui n'y ont mangé qu'à des festins de leurs noces quand le roi les a voulu faire. » Mais laissons ces journées dont l'ordre est dérangé par les hasards de la guerre : assistons à la journée du roi telle qu'elle se déroule en temps normal, et contemplons-en les rites dans leur ordonnance régulière.

Le roi s'éveillait à huit heures. Le premier valet de chambre, qui avait couché dans la chambre, l'appelait. « Le premier médecin, le premier chirurgien, et sa nourrice tant qu'elle a vécu, entraient en même temps. Elle allait le baiser, les autres le frottaient et souvent lui changeaient de chemise parce qu'il était sujet à suer. » Le grand chambellan ouvrait le rideau, et on introduisait les personnes qui avaient les grandes entrées. Office du Saint-Esprit. Le roi passait sa robe de chambre ; c'était le tour des secondes entrées « qui trouvaient le roi se chaussant ; car il se faisait presque tout lui-même avec adresse et grâce ». La barbe, de deux jours l'un. Dès qu'il était habillé, le roi s'agenouillait dans la ruelle de son lit, puis passait dans son cabinet, où « il donnait l'ordre à chacun pour la journée ; ainsi on savait, à un demi-quart d'heure près, tout ce que le roi devait faire ». Audiences ; messe ; arrivait l'heure du Conseil : la matinée était finie.

Les différents Conseils — des dépêches, des finances, etc. — avaient chacun leur jour dans la semaine. Jeudi, congé : c'était le grand jour des bâtards, des bâtiments, des valets intérieurs Vendredi, jour maigre : c'était le jour du confesseur.

Le dîner était à une heure. « Le dîner était toujours en petit couvert, c'est-à-dire seul dans sa chambre sur une table carrée vis-à-vis la fenêtre du milieu ». On entrait, on se tenait debout. Pas de dames. Après le dîner, le roi rentrait dans son cabinet, donnait à manger à « ses chiens couchants », s'habillait pour la promenade et descendait par son petit degré dans la cour de marbre pour monter en carrosse. Il avait besoin de grand air et d'exercice, sans quoi il était repris de maux de tête et de ces vapeurs que lui avait occasionnées jadis un usage immodéré des parfums ; aussi il ne pouvait plus les souffrir, excepté la fleur d'orange, et c'était une chose bonne à savoir quand on l'approchait. Il sortait par tous les temps. Il avait pratiqué tous les sports, l'équitation, le mail, la paume. Sa grande distraction était de courre le cerf, mais en calèche, depuis qu'il s'était cassé le bras à Fontainebleau. Il était seul dans une manière de soufflet tiré par quatre petits chevaux, et il conduisait lui-même à toute bride. Il aimait encore à tirer dans ses parcs, ou tout bonnement à se promener dans ses jardins en regardant travailler. Il rentrait, changeait de vêtements, passait une heure dans son cabinet : « C'était le meilleur temps des bâtards, des valets intérieurs et des bâtiments ».

A dix heures, souper. Le capitaine des gardes venait annoncer. Le souper était toujours en grand couvert, c'est-à-dire nombre de courtisans et de dames, tant assises que debout, et, la surveille des voyages à Marly, toutes celles qui voulaient y aller. Cela s'appelait : « se présenter pour Marly ». Les hommes demandaient le même jour, le matin, en disant au roi seulement : « Sire, Marly ». Saint-Simon ne nous donne pas de menus de Louis XIV : ils étaient copieux, comme vous le savez. Mais d'autres nous en ont laissé, par exemple la Palatine, qui écrit : « J'ai vu souvent le roi manger quatre pleines assiettes de soupes diverses, un faisan entier, une perdrix, une grande assiette de salade, deux grandes tranches de jambon, du mouton au jus et à l'ail, une assiette de pâtisseries et puis encore du fruit et des œufs durs. Le roi et feu Monsieur aimaient beaucoup les œufs durs. » Louis XIV était une belle fourchette. Ce que Saint-Simon explique en disant qu'il avait l'intestin double de celui des hommes ordinaires, apparemment parce qu'il était le roi. Que vous dirai-je ? Le double intestin de Louis XIV m'a tout l'air d'appartenir à la même physiologie que les « doubles muscles » de Tartarin. Louis XIV n'avait pas deux estomacs, il n'en avait qu'un, mais il l'avait excellent.

Après souper, le roi se tenait quelques moments debout, adossé au balustre du pied de son lit, puis, avec des révérences aux dames, passait dans son cabinet, où il restait une heure avec ses enfants légitimes et bâtards et ses petits-enfants légitimes et bâtards — le cercle de famille... très élargi. Puis il allait donner à manger à ses chiens couchants, passait dans sa chambre, s'agenouillait à sa ruelle et se déshabillait, pendant que le gentilhomme honoré de cette faveur tenait le bougeoir.

Cette ordonnance ne fléchissait que les jours de médecine, un par mois, où le roi restait au lit jusqu'à trois heures — ayant près de lui Mme de Maintenon et le duc du Maine, qui, assis sur un tabouret, « tenait le dé à les amuser tous les deux, et où souvent il en faisait de bonnes ».

Louis XIV n'a jamais manqué la messe, jamais manqué le maigre du vendredi, jamais manqué l'abstinence du carême. A la messe, il disait son chapelet ; c'était tout ce qu'il savait : ses connaissances en théologie n'allaient pas plus loin.

Mise très simple : un vêtement de couleur brune avec une veste de drap ou de satin de couleur fort brodée. Jamais de bagues, jamais de pierreries, sauf à ses boucles de souliers et de jarretières. Le chapeau bordé de point d'Espagne avec un plumet blanc. Le cordon bleu dessous, sauf aux noces qu'il le portait dessus avec pour huit ou dix millions de pierreries.... Tous détails qui s'adressent surtout à la badauderie, mais aussi qui nous donnent déjà quelque idée de l'homme et un avant-goût de son caractère.

Arrivons maintenant à l'étude véritable : qualités et défauts du roi. Je commence par les qualités : d'abord parce que cela m'est agréable, et puis parce que ce sera court et que l'énumération ne risque pas de tourner au dénombrement à la manière d'Homère.

D'abord les qualités physiques. — Louis XIV était beau, bien fait, adroit à tous les exercices du corps, comme sont tous les princes dans les Contes de Perrault. Il dansait avec grâce, et il dansa longtemps. Il figurait à son avantage dans les ballets que lui composaient Benserade et Molière. A cet agrément se joignaient un grand air, une mine haute plutôt que hautaine, une majesté non point étudiée et apprise, mais naturelle. « Jamais homme n'a tant imposé, et il fallait commencer par s'accoutumer à le voir, si, en le haranguant, on ne voulait s'exposer à demeurer court. » Ajoutez une santé de fer : insensible au chaud, au froid, à la faim, à la fatigue ; or, pour un roi comme pour le commun des mortels, c'est le premier des biens d'avoir de la santé.

Puis les qualités morales. — Des qualités naturelles : de la bonté, de la droiture. Saint-Simon les reconnaît, de mauvaise grâce, je dois le dire : « Il était né sage, modéré, secret, maître de ses mouvements et de sa langue : *le croira-t-on ? il était né bon et juste*, et Dieu lui en avait donné assez pour être un bon roi et peut-être même un assez grand roi. » Cette bonté, cette justice, — auxquelles il était si difficile de croire, — éclataient dès qu'on avait pu, par grande chance, obtenir une audience du roi, tant on le trouvait désireux de s'instruire, de savoir le vrai et de juger en toute équité!

Et des qualités acquises. La première, qui surpassait toutes les autres et qui tenait du prodige, c'était la politesse, — une politesse qui, dans ce siècle si poli, se remarquait et se distinguait comme une politesse unique, — une politesse mesurée, nuancée, qui rendait à chacun suivant ses mérites, suivant le rang, l'âge, le sexe. « Surtout pour les femmes, rien n'était pareil. Jamais il n'a passé devant la moindre coiffe sans soulever son chapeau, je dis aux femmes de chambre et qu'il connaissait pour telles. » Une parfaite maîtrise de soi : un empire assuré sur sa contenance et sur son visage qui ne trahissait rien des mouvements intérieurs. Jamais on ne le voyait en colère, ou du moins très rarement. En vingt-deux ans, Saint-Simon ne se souvient de l'y avoir vu que trois fois. Une fois, quand il cassa sa canne sur le dos d'un valet, par dépit de la lâcheté qu'avait montrée le duc du Maine. Une fois dans une discussion avec Monsieur : l'huissier vint avertir qu'on l'entendait de la pièce voisine. Une troisième fois contre Courtenvaux, qui avait fait la forte gaffe, en démasquant l'espionnage que le roi entretenait à Versailles: il entra « dans une colère si terrible et pour lui si nouvelle et si extraordinaire » qu'il fit trembler non seulement Courtenvaux, mais princes, princesses, dames et tout ce qui était dans le cabinet : on l'entendait de sa chambre. A part ces très rares éclats, une égalité d'humeur, une dignité soutenue, une décence à peine coupée d'innocentes familiarités dans les occasions. Un soir qu'on tirait les rois à Marly, le roi « ne se contenta pas de crier *la reine boit*, mais, comme en franc cabaret, il frappa et fit frapper chacun de sa cuiller et de sa fourchette sur son assiette, ce qui causa un charivari fort étrange et qui dura tout le souper.... » Mais ces gaîtés étaient tout à fait exceptionnelles. L'ordinaire était un sérieux sans raideur. Peu de paroles, mais bien choisies et qui portaient. « Il parlait bien, en bons termes, avec justesse : il faisait un conte mieux qu'homme du monde, et aussi bien un récit ». Tel était cet ensemble, unique par le mélange de la grâce et de la majesté, et qui réalisait le chef-d'œuvre de la noblesse dans la séduction.

Il me reste à signaler l'éloge que Saint-Simon adresse à Louis XIV, d'avoir été courageux dans l'infortune. Là, et là seulement, il serait disposé à ne plus lui trop marchander l'épithète de grand : « Cette constance, cette fermeté d'âme, cette égalité extérieure, ce soin toujours le même de tenir tant qu'il pouvait le timon, cette espérance contre toute espérance, par courage, par sagesse, non par aveuglement, ces dehors du même roi en toutes choses, c'est ce dont peu d'hommes auraient été capables. C'est ce qui *aurait pu lui mériter* le nom de grand qui lui avait été si prématurément donné. » L'éloge n'est pas mince, sans doute ; mais il s'y trouve un conditionnel qui, plus certainement encore, le garde de tout excès.

Et c'est tout pour les qualités.

*
* *

Voici la liste des défauts : elle est considérablement plus chargée.

Il n'était pas intelligent : « né avec un esprit

(129)

au-dessous du médiocre », dit Saint-Simon. Il n'était pas instruit. Son éducation avait été totalement négligée ; il était le premier à en convenir et en parlait avec amertume « jusque-là qu'il racontait qu'on le trouva un soir tombé dans le bassin du jardin du Palais-Royal.... » A peine lui apprit-on à lire et à écrire. Son ignorance dépassait tout ce qu'on peut imaginer. Il ne savait pas le premier mot des choses que tout le monde sait. Cela lui faisait dire, même en public, « les absurdités les plus grossières ». De là cette aversion qu'il conserva toute sa vie pour les gens instruits avec qui il était mal à l'aise et qui lui fit écarter tout homme de mérite et ayant une valeur personnelle, « tout homme qui se sentait ». De là cet esprit superficiel et de détail, qui le faisait s'attacher aux petites choses et leur sacrifier les grandes....

Que valent de telles accusations ?

Encore faudrait-il savoir quelles étaient ces choses connues de tous et que Louis XIV ignorait. Saint-Simon en donne un exemple. Quand il s'agit de faire le marquis de Resnel chevalier de l'Ordre, Louis XIV se fit prier : il ignorait que Resnel fût Clermont-Gallerande. Voilà une de ces « absurdités grossières » que Saint-Simon ne pardonne pas, mais qui nous semblent plus excusables. Vous êtes orfèvre, monsieur Josse, et voudriez que le roi de France sût l'orfèvrerie. Il a mieux à savoir et des choses plus utiles. De même, à l'instruction par les livres, il a suppléé par une autre qui convient mieux pour un prince : l'éducation par la vie. Tout enfant, il avait vu Mazarin à l'œuvre et aussi les princes : c'étaient des leçons de choses, — quelles leçons et de quelles choses ! Il ne les oublia jamais : il avait une mémoire excellente. Pour ce qui est d'avoir écarté les hommes de mérite et instruits, qu'était-ce donc que Molière, Boileau, Racine ? Saint-Simon ne peut oublier que Racine fut lecteur du roi, puisqu'il conte à ce sujet une anecdote où d'ailleurs Racine n'eut aucun rôle.

Ce qui ne pouvait manquer de choquer l'austérité de Saint-Simon, c'est la « vie amoureuse » du roi. Il la lui reproche avec l'âpreté et l'intransigeance d'un homme qui, pour sa part, s'est tenu à l'abri de ce genre de faiblesses. Il ne trouve à Louis XIV qu'une excuse et dont il a bien soin de dire que ce n'en est pas une : c'est qu'il était vraiment fait pour aimer et pour être aimé. Ce Louis XIV, à vingt ans, ce dut être le Prince Charmant. Son tempérament le poussait vers la galanterie ; et on devine qu'elle ne le fuyait pas. « On peut dire qu'il était fait pour elle, et qu'au milieu de tous les autres hommes, sa taille, son port, les grâces, la beauté, et la grande mine qui succéda à la beauté, jusqu'au son de sa voix et à l'adresse et la grâce naturelle et majestueuse de toute sa personne, le faisaient distinguer jusqu'à sa mort comme le roi des abeilles, et que, s'il ne fût né que particulier, il aurait eu le talent des fêtes, des plaisirs, de la galanterie et de faire les plus grands désordres d'amour. » Il avait été marqué du signe particulier, il avait la vocation. J'emploie le mot à dessein et en y entendant tout ce qu'il comporte. Et je suis persuadé qu'ici le dernier biographe de Louis XIV, M. Ernest Lavisse, a vu juste et a employé le mot propre : un Don Juan.

Comme Don Juan, héros et victime d'une influence secrète, il aime sans pouvoir s'en défendre, et c'est un épouseur à toutes mains. Il a fait ses premières armes chez la surintendante de la maison de sa mère, la belle comtesse de Soissons, née Olympe Mancini, dont le salon était le « centre de la galanterie de la Cour ». Il s'y est formé. « Ce fut dans cet important et brillant tourbillon où le roi se jeta d'abord et où il prit cet air de politesse et de galanterie qu'il a toujours su conserver toute sa vie.... » Il avait encore les yeux rouges d'avoir renoncé à cette autre nièce de Mazarin, Marie Mancini, malgré elle et malgré lui — « Vous êtes roi, vous m'aimez, vous pleurez et je pars » — et sacrifié à la raison d'État les grâces coquettes de cette brune piquante, « cette noiraude », disaient ses bonnes amies, qu'il s'éprenait de la beauté blonde et langoureuse de La Vallière et de ses dix-sept ans. Celle-là, qui était si douce, si respectueuse pour la reine, qui péchait avec tant de remords et se réfugia deux

fois au couvent où il fallut que son royal amant
la vînt rechercher, Saint-Simon l'aurait encore
passée à Louis XIV ; mais Don Juan a besoin de
changement. La Vallière était encore en titre
que déjà Louis XIV s'éprenait de la superbe Montespan, de sa chair éblouissante et de son esprit.
Car il fallait de l'esprit pour plaire à ce séducteur
trop heureux que guettait l'ennui. La Montespan
avait de l'esprit, beaucoup d'esprit, qu'elle mul-
tipliait par celui de ses deux sœurs, l'abbesse de
Fontevrault, « la reine des abbesses », et Mme de
Thianges, « son autre sœur et l'élixir le plus trayé
de toutes les dames de la Cour ». C'était l'esprit
des Mortemart, si fin et si naturel, et d'un tour si
particulier. « C'était celui de ces trois sœurs qui,
toutes trois, en avaient infiniment et avaient l'art
d'en donner aux autres. » Seulement, cette femme
de tant d'esprit était « méchante, capricieuse,
une hauteur en tout dans les nues dont personne
n'était exempt, le roi aussi peu que tout autre ».
Et elle n'était pas du tout respectueuse pour la
reine. Aussi le roi la quitta pour l'aimable Fontanges, qui n'avait aucun esprit, et Fontanges
pour une autre « qui était pourtant rousse », jusqu'à ce qu'il prit ses quartiers d'hiver auprès de
Mme de Maintenon. Et nous avons négligé les
simples passades, qui ne comptent pas!

Autant que d'avoir aimé ses maîtresses, ce
que Saint-Simon reproche à Louis XIV, c'est
d'avoir cessé de les aimer. La nouvelle de leur

mort ne causait à leur royal amant aucune émotion. Il avait conservé pour Mme de La Vallière une estime et une « considération sèche ». Quand elle mourut, il en parut peu touché et il en dit la raison : c'est qu'elle était morte pour lui du jour de son entrée aux Carmélites. Ce fut de même pour Mme de Montespan. La duchesse de Bourgogne ne put cacher sa surprise d'une telle insensibilité succédant à un amour si passionné. Il répondit que du jour où il l'avait congédiée, elle était morte pour lui. En somme, elles étaient mortes pour lui du jour où il ne les aimait plus. Mais les avait-il jamais aimées? N'était-ce pas lui qu'il aimait en elles, pareil, une fois de plus, à Don Juan qui, à travers ses expériences amoureuses, ne poursuit que son propre plaisir et ignore le vrai de l'amour, le don de soi.

Ces désordres en ont engendré d'autres : l'élévation des bâtards, le testament qui leur donne le rang de princes du sang et les habilite au trône, par le renversement de toutes les lois du royaume. Aussi, dit Saint-Simon, « que toute bouche française en crie sans cesse vengeance à Dieu ! » Et il ajoute, non sans étrangeté, en termes empruntés aux malédictions de l'Écriture : « Quelle vérification puissante de ce que le Saint-Esprit a déclaré dans les livres sapientiaux de l'Ancien Testament, du sort de ceux qui se sont livrés à l'amour et à l'empire des femmes ! O Nabuchodonosor, qui pourra sonder les jugements de Dieu et qui osera ne pas s'anéantir en leur présence? » Voilà un terrible anathème et je veux bien qu'il flétrisse justement un exemple d'immoralité donné de si haut. Toutefois, je ne crois pas que ce chapitre de ses galanteries soit celui qui ait le plus desservi la mémoire de Louis XIV dans un pays où Henri IV doit une partie de sa popularité à sa réputation de Vert-Galant et où Louis XVI, le plus vertueux de nos rois, en fut aussi le plus malheureux.

Cette insensibilité dont il faisait preuve à l'égard de ses maîtresses, Louis XIV en témoignait aussi bien pour tous ceux qui l'entouraient, pour ses serviteurs et pour sa famille. N'aimant personne, il ne souhaitait pas d'être aimé, mais il voulait être craint. Il tenait sa plus intime famille dans le tremblement. « C'était un homme uniquement personnel et qui ne comptait tous les autres, quels qu'ils fussent, que par rapport à soi. » Il était égoïste et dur. La souffrance, la maladie, la douleur, la mort elle-même, tout devait s'effacer devant son caprice. « Dans les temps les plus vifs de sa vie pour ses maîtresses, leurs incommodités les plus opposées aux voyages... ne les en pouvaient dispenser.... Il fallait être en grand habit, parées et serrées dans leurs corps, aller en Flandre et plus loin encore, danser, veiller, être des fêtes, manger, être gaies et de bonne compagnie... et tout cela précisément aux jours et aux heures marquées, sans déranger rien d'une minute. »

Il faut voir quel tableau fait Saint-Simon des carrosses du roi, qui étaient toujours pleins de femmes, et comme ils figureraient bien dans quelque Musée des supplices. « Dans ces carrosses, lors des voyages, il y avait toujours beaucoup de toutes sortes de choses à manger, viandes, pâtisseries, fruits. On n'avait pas sitôt fait un quart de lieue, que le roi demandait si on ne voulait pas manger. Lui, jamais ne goûtait à rien entre ses repas. Mais il s'amusait à voir manger et manger à crever. Il fallait avoir faim, être gaies et manger avec appétit et de bonne grâce, autrement il ne le trouvait pas bon, et le montrait même aigrement. On faisait la mignonne, on voulait faire la délicate, être du bel air.... Les officiers et les écuyers aux portières faisaient une poussière qui dévorait tout ce qui était dans le carrosse. Le roi, qui aimait l'air, en voulait toutes les glaces baissées, et aurait trouvé fort mauvais que quelque dame eût tiré le rideau contre le soleil, le vent ou le froid. »

L'exemple le plus saisissant de cette dureté, dans son expression la plus féroce, a été une fois pour toutes buriné par Saint-Simon : c'est la scène fameuse de Louis XIV au bassin des carpes ·

« Mme la duchesse de Bourgogne était grosse ; elle était fort incommodée. Le roi voulait aller à Fontainebleau contre sa coutume, dès le com-

mencement de la belle saison, et l'avait déclaré.
Il voulait ses voyages de Marly en attendant.
Sa petite-fille l'amusait fort, il ne pouvait se
passer d'elle, et tant de mouvement ne s'accommodait pas avec son état. Mme de Maintenon
en était inquiète, Fagon en glissait doucement
son avis. Cela importunait le roi, accoutumé à ne
se contraindre pour rien, et gâté pour avoir vu
voyager ses maîtresses, grosses, ou à peine
relevées de couches, et toujours alors en grand
habit. Les représentations sur les Marly le chi-
canèrent, sans les pouvoir rompre. Il différa seulement à deux reprises celui du lendemain de la
Quasimodo, et n'y alla que le mercredi de la
semaine suivante, malgré tout ce qu'on put dire
et faire pour l'en empêcher, ou pour obtenir que
la princesse demeurât à Versailles.

« Le samedi suivant, le roi se promenait après
sa messe, et s'amusant au bassin des carpes entre
le château et la Perspective, nous vîmes venir
à pied la duchesse du Lude, toute seule, sans
qu'il y eût aucune dame avec le roi, ce qui arrivait rarement le matin. Il comprit qu'elle avait
quelque chose de pressé à lui dire, il fut au-
devant d'elle, et quand il en fut à peu de distance,
on s'arrêta, et on le laissa seul la joindre. Le tête-
à-tête ne fut pas long. Elle s'en retourna, et le
roi revint vers nous, et jusque près des carpes
sans mot dire. Chacun vit bien de quoi il était
question, et personne ne se pressait de parler.

A la fin, le roi, arrivant tout auprès du bassin, regarda ce qui était là de plus principal, et sans adresser la parole à personne, dit d'un air de dépit ces seules paroles : « La duchesse de « Bourgogne est blessée. » Voilà M. de la Rochefoucauld à s'exclamer, M. de Bouillon, le duc de Tresmes et le maréchal de Boufflers à répéter à basse note, puis M. de la Rochefoucauld à se récrier plus fort que c'était le plus grand malheur du monde, et que s'étant déjà blessée d'autres fois, elle n'en aurait peut-être plus. « Eh ! quand « cela serait, interrompit le roi tout d'un coup « avec colère, qui jusque-là n'avait dit mot, « qu'est-ce que cela me ferait? Est-ce qu'elle n'a « pas déjà un fils? et quand il mourrait, est-ce « que le duc de Berry n'est pas en âge de se « marier et d'en avoir? Et que m'importe qui me « succède des uns ou des autres? Ne sont-ce pas « également mes petits-fils? » Et tout de suite avec impétuosité : « Dieu merci, elle est blessée, « puisqu'elle avait à l'être, et je ne serai plus « contrarié dans mes voyages et dans tout ce « que j'ai envie de faire par les représentations « des médecins et les raisonnements des ma- « trones. J'irai et viendrai à ma fantaisie et on « me laissera en repos ». Un silence à entendre une fourmi marcher succéda à cette espèce de sortie. On baissait les yeux, à peine osait-on respirer. Chacun demeura stupéfait. Jusqu'aux gens des bâtiments et aux jardiniers demeurèrent immobiles. Ce silence dura plus d'un quart d'heure. »

Et c'était la duchesse de Bourgogne ! le seul être au monde pour qui il ait jamais éprouvé une réelle tendresse ! Même incident, même issue fâcheuse pour la duchesse de Berry. Devant les nécessités de la nature, les autres hommes s'inclinent, et cèdent à une force supérieure. Lui se révolte, s'indigne, s'insurge. Et ici se découvre enfin le fond du caractère, tel que Saint-Simon veut nous le faire toucher. Dans ce refus de reconnaître la loi universelle et de s'adapter à la forme de l'humaine condition, s'aperçoit un commencement de folie. Voici pointer la folie orgueilleuse et se dresser le maniaque du Moi.

*
* *

Cet orgueil insensé, n'en parlons, — toujours d'après Saint-Simon, — que pour montrer comment Louis XIV en a fait un système de gouvernement. Le roi absolu ne veut autour de lui d'autre grandeur que la sienne et n'en tolère aucune qui n'émane de sa propre grandeur. C'est pourquoi il écarte systématiquement du pouvoir les grands seigneurs, ceux qui ont une grandeur par eux-mêmes, par leur naissance, par le nom qu'ils portent, par la longue lignée de leurs ancêtres, par tout ce qu'un maître ne peut supprimer à son gré et qui survit à sa disgrâce. Il veut des ministres qui soient des hommes de rien, que sa faveur tire du néant, que sa défaveur replonge dans le non-être. Ainsi s'explique « ce long règne de vile bourgeoisie. » Ces ministres, le roi tient à leur faire sentir son autorité. Sur vingt affaires qu'ils lui présentent, ils savent qu'il y en aura peut-être dix-neuf qui seront résolues à leur gré, mais qu'il y en aura sûrement une vingtième, où il prendra le contre-pied de leur avis, avec emportement, avec opiniâtreté, uniquement pour n'être pas de leur avis. Les ministres connaissent ces « coups de caveçon » du roi. Mme de Maintenon elle-même n'est pas à l'abri de ces scènes violentes, de ces sorties voulues et à froid. Elle sait combien le roi est jaloux de son autorité, et, quand elle veut l'amener à ses vues, elle emploie des moyens détournés, sans en avoir l'air, et procède par suggestions.

Car c'est le sort fréquent de ces farouches autoritaires : ce roi, qui veut gouverner par lui-même, n'a cessé d'être gouverné. Ignorant, et avec cet esprit de détail que vous lui connaissez, il se noie en effet dans les détails ; ou bien, ce sont ses ministres qui ont soin de l'y noyer pour en profiter et qui lui abandonnent le « petit » pour faire passer le « grand ». Il régnait, les ministres gouvernaient. Tant que ces ministres ont été des hommes de génie, il est allé de succès en succès ; et ces succès, qui sont ceux de ses

ministres et non les siens, ne sauraient lui être
attribués. Quand les ministres ont été des incapables, et choisis pour leur incapacité même, les
désastres sont arrivés ; et ces désastres sont bien
les siens et il en porte toute la responsabilité. Il
faut que l'image de sa propre grandeur lui
revienne de tous les côtés, et c'est pourquoi il a
groupé autour de lui cette cour brillante qui est
comme le miroir où il se contemple lui-même.
A son lever, à son coucher, dans les jardins de
Versailles, il regarde à droite et à gauche ceux
qui sont là, note les absences, exige la présence continuelle. C'est le meilleur moyen de lui
faire sa cour. Tel qui n'a pas eu par avance le
soin de se montrer, s'avise-t-il de solliciter une
place et de la mériter : « C'est un homme que je
ne vois jamais », répond le roi, et ces arrêts-là
sont irrévocables. Avec cet art de régner qu'il
posséda au suprême degré, habile à distinguer, à
mortifier, à vendre ses paroles et ses sourires,
il réduisit tout le monde à servir et à grossir sa
cour.

Une loi de nature voulait que cet orgueil allât
sans cesse grandissant dans cette atmosphère
d'adulation dont le roi s'enivrait. « Les louanges,
— disons mieux : la flatterie, — lui plaisaient à
tel point que les plus grossières étaient bien
reçues, les plus basses encore mieux savourées....
La souplesse, la bassesse, l'air admirant, dépendant, rampant, plus que tout, l'air de néant sinon

par lui, étaient les uniques voies de lui plaire. »
Et Saint-Simon parle encore de ces « fadeurs
vomitives... qu'il avalait avec délectation ». Ainsi
séparé de ses pairs, étranger à l'histoire qui est
le passé toujours vivant, ignorant de la réalité
présente qui prépare l'avenir, enfermé dans un
isolement splendide, absorbé dans l'idolâtrie
de sa personne vers laquelle montent les fumées
épaisses de l'encens, il évoque la parfaite image,
non d'un roi moderne, mais de ces despotes de
l'Asie ou de ces empereurs romains que déifiait,
vivants, le culte païen de l'apothéose.

*
* *

Tel est ce portrait du roi, — d'un si puissant
relief et d'une si criante injustice ! Égaré par
ses préventions, emporté par sa passion, abusé
par sa manie de grossissement, Saint-Simon a
fait de son modèle, non pas un être réel, mais
un monstre à effrayer les gens.

C'est ici le principe lui-même qui est faux,
le procédé qui est cause d'erreur, et c'est ce procédé qu'il me reste à mettre en lumière.

Que Louis XIV ait été égoïste, ce n'est
pas douteux. Quant à cette dureté que lui
prête Saint-Simon, il faut, pour y croire, oublier
les inquiétudes qu'il manifeste pendant les
maladies des siens, son assiduité à leur chevet, et
ne pas avoir lu dans ses *Mémoires* les conseils si

sages et si affectueux qu'il donne à son fils.
Louis XIV fut égoïste, comme le sont la plupart
des hommes, et des grands du monde, ce
qui est sans doute l'être beaucoup, mais qui
ne suffit pas à le distinguer d'entre tant
d'autres.

L'erreur de Saint-Simon est d'attribuer à l'orgueil du Roi, de mettre sur le compte de son
caprice et de son bon plaisir, ce qui était le
résultat de l'œuvre même des siècles et de la
force des choses. Si Louis XIV a écarté la noblesse
du pouvoir, c'est qu'il l'avait vue à l'œuvre pendant la Fronde : il n'avait jamais oublié comment
ces grands princes, sacrifiant la France à leurs
rancunes, n'avaient pas hésité à appeler l'étranger
à leur aide, et leur livrer nos places fortes. C'est
là ce que Saint-Simon appelle les « ombrages
Mazarins » de Louis XIV ; mais Mazarin, pas
plus que Louis XIV, n'est responsable de cette
lutte qui, depuis des siècles, se poursuivait
entre la royauté et la noblesse, qui s'achevait
par la déroute de la noblesse, finalement acculée
à l'impuissance, et réduite à se venger en déchaî-
nant sur le pays le double fléau de la guerre
étrangère et de la guerre civile.

Saint-Simon voit encore dans l'orgueil du roi
l'origine de ses conquêtes. Nous sommes mieux
placés aujourd'hui pour en juger. Lorsqu'en 1789
la Révolution prend sur tous les points le contre-
pied de la politique de l'ancien régime, il est un

domaine pourtant où elle est obligée de la continuer et c'est celui de la politique étrangère. La démonstration en a été faite par Albert Sorel dans son grand ouvrage, *l'Europe et la Révolution*. Les guerres de la Révolution continuent les guerres de Louis XIV, et les guerres de l'Empire celles de la Révolution. Les champs de bataille sont les mêmes, parce que sous tous les régimes les nécessités de la défense nationale sont les mêmes, et parce que, dans tous les temps, les ambitions de nos voisins étant les mêmes, et se faisant plus menaçantes à mesure que nous prêtons davantage au soupçon de faiblesse ou d'abdication, le souci de notre honneur et de notre existence nous ramène aux mêmes champs de bataille qui seront éternellement les témoins de la valeur française.

Pour ce qui est des bâtiments, vous vous attendez que Saint-Simon en blâmera la profusion et la somptuosité. Il n'en signale que la laideur et le « mauvais goût ». A Paris, rien. C'est pourquoi notre capitale est si « inférieure à tant de villes dans toutes les parties de l'Europe ». Versailles : « le plus triste, le plus ingrat de tous les lieux, sans vue, sans bois, sans eau, sans terre ». Les bâtiments sans plan. Les jardins y valent les constructions. Les eaux « vertes, épaisses, bourbeuses, répandant une humidité malsaine et sensible, une odeur qui l'est encore plus ». Marly : « un repaire de serpents et de charognes, de crapauds et de grenouilles.... Tel fut le mauvais goût de ce roi en toutes choses et ce plaisir superbe de forcer la nature. » Voilà pour les beaux-arts, sous Louis XIV. Des lettres Saint-Simon ne dit rien, non plus que du commerce, de l'industrie, et des autres branches de l'activité française. Il n'a pas su découvrir cet accord entre toutes les forces vives du pays, augmentées, décuplées, cette harmonie magnifique qui a valu à cette époque d'être appelée le siècle de Louis XIV.

C'est ce qu'avait vu au contraire un autre écrivain, dont Saint-Simon ne parle qu'avec ce dédain transcendant dont il a le secret : « Arouet, fils d'un notaire qui l'a été de mon père et de moi jusqu'à sa mort, fut exilé et envoyé à Tulle pour des vers fort satiriques et fort impudents. Je ne m'amuserais pas à marquer une si petite bagatelle si ce même Arouet, devenu grand poète et académicien, sous le nom de Voltaire, n'était devenu, à travers force aventures tragiques, une manière de personnage dans la république des lettres et même une manière d'important parmi un certain monde. »

Arouet, sous le nom de Voltaire, écrivait *le Siècle de Louis XIV* à peu près dans le même temps que Saint-Simon écrivait les *Mémoires*. Si l'on veut aujourd'hui de Louis XIV et de son temps un portrait qui ressemble, ce n'est pas dans les *Mémoires* qu'il faut l'aller chercher, mais c'est

(145)

dans le livre de cet Arouet, qui est resté la plus véridique histoire de notre plus grand siècle..

*
* *

Louis XIV... L'homme a eu ses faiblesses, qui ont été surtout les faiblesses de la chair ; le roi a commis des fautes ; ses guerres n'ont pas été toutes également justifiées ; il a porté la main sur les consciences par la révocation de l'édit de Nantes, et j'y reviendrai ; mais quel roi n'eût pas commis de fautes pendant soixante-douze ans de règne? Long espace de temps pendant lequel tant de choses viennent à changer! Louis XIV n'est pas responsable des énormes changements survenus en Europe pendant ces soixante-douze ans, et qui sont la vraie cause des désastres qui ont assombri les dernières années de son règne. Ce n'est pas davantage sa faute s'il a reçu de ses prédécesseurs un système de gouvernement à bout de sève : les fruits qu'il lui a fait produire ont été les derniers, mais les plus magnifiques.

Ce qu'il faut considérer avant tout pour le bien juger, c'est l'idée qu'il s'est faite de sa fonction. Jamais encore n'avait-on vu un roi aussi appliqué à son métier de roi : il l'a fait, ce métier, avec une assiduité de tous les jours, qui, pendant ce long règne, ne s'est pas démentie un seul jour, qui a été l'étonnement des ministres et l'admi-

(146)

ration des peuples étrangers, et qui reste le plus bel exemple qu'on connaisse du dévouement à la fonction.

Et ce dont il faut lui tenir largement compte, c'est des résultats de son règne. Il a laissé la France plus grande, je dis plus au large dans ses frontières, et ce n'est pas à nous d'oublier qu'à sa mort de chères villes étaient françaises qui, hélas ! aujourd'hui, ne le sont plus et auxquelles nous pensons toujours. Il a laissé la France plus grande moralement, plus glorieuse, avec ce prestige qu'elle garde dans l'histoire d'avoir été, un certain jour, la Reine des nations. C'est qu'il y a eu, ce jour-là, non pas seulement harmonie entre toutes les facultés de la nation, mais accord entre la nation et son chef. Car les qualités qu'il est impossible de contester à Louis XIV, c'est le bon sens, la méthode, le tact, la mesure ; mais c'est aussi le goût de ce qui brille, l'amour de la gloire sans laquelle la vie ne vaut pas d'être vécue. Et ce sont les qualités mêmes de la race.

Oui, il a voulu dompter la nature, et c'est le caractère de cet art du dix-septième siècle, si volontaire, comme c'est celui de notre littérature classique qui n'est mêlée ni d'espagnol, ni d'italien, ni d'anglais, ni d'allemand, mais purement faite avec l'esprit de chez nous. Oui, il a humilié la nature devant la raison, en qui réside toute la noblesse de l'homme. Ainsi il a exalté nos énergies traditionnelles et amené à son plein épanouissement l'âme de la race. Ainsi il a mérité de conserver dans notre histoire cette épithète de grand, que les contemporains lui ont décernée et à laquelle il a droit plus qu'aucun autre, parce qu'il a été, plus qu'aucun autre, le Roi très français, passionnément dévoué à la France et à sa grandeur.

MADAME DE MAINTENON

V. — MADAME DE MAINTENON

JE ne crois pas qu'aucune femme ait jamais été plus injuriée par un homme, plus âprement et plus continûment injuriée que ne l'a été Françoise d'Aubigné, marquise de Maintenon, par le duc Louis de Saint-Simon. Chaque fois que le nom de Mme de Maintenon revient dans les *Mémoires*, et il y revient à chaque instant, c'est pour y être accompagné de commentaires et orné d'épithètes dont la violence commence par nous étonner, et bientôt, par l'effet de la répétition, cesse de nous étonner, mais non pas de ne nous choquer ou de nous indigner. Quand Saint-Simon ne la traite que de « chétive veuve », de « veuve à l'aumône », c'est qu'il n'est pas en verve. Mais tournez la page. « Tout ce que sa vieille et son bâtard se proposaient encore d'en arracher. » Saint-Simon ne dit pas Mme de Maintenon, ni même la Maintenon : il dit la vieille, la sorcière, la fée. Aimez-vous mieux « femme publique »? Aimez-vous mieux

« fumier »? Préférez-vous « amphibie »? « Que dire d'une amphibie sortie des eaux de la mer »? A lire ces basses injures, on songe à cette folie d'invectives à laquelle sont sujets les gens du peuple, quand leur sang ne fait qu'un tour. Qui parle ici ? un duc et pair, ou un crocheteur ?

Et je ne crois pas qu'aucune femme ait jamais été aussi injuriée, et aussi grossièrement injuriée, par une autre femme, que l'a été Mme de Maintenon par Madame, princesse Palatine et duchesse d'Orléans. Je cite ce qui peut se citer. « Le galant (le dauphin) a tellement peur de la vieille ordure du grand homme, que, même s'il avait envie de se remarier, il n'en laisserait rien paraître. » Le grand homme, c'est Louis XIV; quant à la vieille ordure, c'est celle que Saint-Simon appelait « la vieille », peut-être par abréviation. Ailleurs : « Je suis derechef en disgrâce sans l'avoir mérité. Dès que j'entre chez le roi, Madame l'ordure s'en va.... » Et je ne nie pas que cette dénomination de « Madame l'ordure », qui mêle les égards avec l'insolence, ne soit assez drôle. Madame avait de l'esprit. Ailleurs : « Les maîtresses du feu roi n'ont pas terni sa gloire autant que sa vieille guenipe qu'il avait épousée. » Ailleurs : « Il y a deux ans de cela, M. le Dauphin était dans l'intention d'épouser ma fille, et il le dit à la vieille ripopée. » Après cela vous ne vous étonnerez pas que l'oraison funèbre de Mme de Maintenon dans les lettres de la Pala-

tine se borne à ces quelques mots : « J'apprends
ce matin que la vieille Maintenon est crevée hier
soir.... » Ordure, guenipe, ripopée.... Ordure se
définit assez par lui-même ; mais pour les deux
autres, j'ai consulté le dictionnaire de l'Académie.... Il qualifie *guenipe* de familier, et signale en
ripopée un terme de mépris. On s'en serait
douté. La « ripopée » est un mélange que font
les marchands de vin avec les rinçures des
bouteilles : c'est comme qui dirait la lie de
l'humanité, le rebut de la société. Il se peut que
la différence ne soit pas grande d'une princesse
allemande à une harengère.

Mme de Maintenon, dans une de ses lettres,
cite une réponse, à son avis assez plaisante
qu'elle fit à une femme qui était venue la trouver pleurant, criant, suppliant, qu'on lui fît faire
justice. « Je lui demandai quel tort elle avait reçu.
« C'est, dit-elle, qu'on m'a dit des injures, et
« j'en demande réparation. — Des injures, lui
« dis-je, eh ! nous en vivons ici, nous autres. »
Le mot est amusant, en effet, et il est juste. Les
injures sont assez bien le régime ordinaire dont
vivent les grands personnages. Or Mme de Maintenon connaissait — très pertinemment — celles
que la Palatine lui prodiguait dans sa correspondance. Nous le savons par une scène du plus
haut comique que Saint-Simon a contée avec
délices dans les *Mémoires*. C'est la fameuse
« scène de la lettre ». En 1701, au lendemain de

la mort de Monsieur, Mme de Maintenon fait à Madame une visite de condoléance. Elle lui dit de la part du Roi que leur deuil commun efface tout le passé, non seulement l'opposition que Madame avait faite au mariage de son fils, — lors du retentissant soufflet, — mais encore d'autres choses, dont le Roi n'avait pas voulu parler, sur lesquelles il ne s'était pas expliqué mais enfin dont il n'avait pas été autrement content. « A ce mot, Madame, qui se croyait bien assurée, se récrie, proteste qu'excepté le fait de son fils, elle n'a jamais rien dit, ni fait, qui pût déplaire, et enfile des plaintes et des justifications. Comme elle y insistait le plus, Mme de Maintenon tire une lettre de sa poche et la lui montre, en lui demandant si elle en connaissait l'écriture. C'était une lettre de sa main à sa tante la duchesse d'Hanovre, à qui elle écrivait tous les ordinaires, où, après des nouvelles de cour, elle lui disait en propres termes qu'on ne savait plus que dire du commerce du roi et de Mme de Maintenon... et de là tombait sur les affaires du dehors et sur celles du dedans et s'étendait sur la misère du royaume qu'elle disait ne s'en pouvoir relever. La poste l'avait ouverte, comme elle les ouvrait et les ouvre encore presque toutes, et l'avait trouvée trop forte pour se contenter à l'ordinaire d'en donner un extrait, et l'avait envoyée au roi en original. On peut penser si, à cet aspect et à cette lecture,

Madame pensa mourir sur l'heure. La voilà à pleurer et Mme de Maintenon à lui représenter modestement l'énormité de toutes les parties de cette lettre, et en pays étranger.... Sa meilleure excuse fut l'aveu de ce qu'elle ne pouvait nier, des pardons, des repentirs, des prières, des promesses. » Telle est la scène, ou telle en est du moins la première partie.

Car il y a une seconde partie, où Madame cherche à se rattraper : bien entendu, elle s'enfonce davantage. Elle reproche à Mme de Maintenon de s'être depuis quelque temps refroidie à son égard, et, sans s'apercevoir que Mme de Maintenon la laisse à dessein s'engager et s'enlizer, elle exige d'en savoir la raison. « Alors Mme de Maintenon lui dit que c'était un secret qui jusqu'alors n'était jamais sorti de sa bouche, quoiqu'elle fût en liberté, depuis dix ans qu'était morte celle qui le lui avait confié... et de là raconte à Madame mille choses plus offensantes les unes que les autres qu'elle avait dites d'elle à Mme la Dauphine, lorsqu'elle était mal avec cette dernière, qui, dans leur raccommodement, les lui avait redites de mot à mot. A ce second coup de foudre, Madame demeura comme une statue. Il y eut quelques moments de silence, puis elle pleura, cria, et pour fin demanda pardon, avoua, puis repentirs et supplications. Mme de Maintenon triompha froidement d'elle assez longtemps, la laissant s'engouer de parler.

de pleurer et lui prendre les mains. C'était une terrible humiliation pour une si rogue et fière Allemande. » Ne doutez pas que le souvenir de cette scène ne soit pour beaucoup dans le jugement que l'une des deux interlocutrices, — celle qui n'avait pas eu le beau rôle, — a porté sur l'autre.

D'où venait à la Palatine cette haine pour Mme de Maintenon? On en soupçonne plus d'un motif. Elle avait pour Louis XIV une amitié tendre ; et ce serait donc jalousie. Elle en voulait à celle que Saint-Simon appelle « l'ébreneuse » des bâtards, d'avoir favorisé le mariage du duc de Chartres avec Mlle de Blois. Et puis, elle était rogue et fière.... Peu importe d'ailleurs. Nous ne nous occupons ici que des rapports entre Mme de Maintenon et Saint-Simon. Ils furent beaucoup moins mauvais qu'on ne pourrait croire. Quand il avait été question pour Saint-Simon d'une ambassade à Rome, il était le candidat des jésuites, par conséquent de Mme de Maintenon. Une autre fois, comme il briguait la charge de capitaine des gardes, Mme de Saint-Simon écrivit à Mme de Maintenon pour solliciter sa protection. Enfin, quand Mme de Saint-Simon fut nommée dame d'honneur de la duchesse de Berry, il fallut bien que Saint-Simon allât faire une visite de remerciement à Mme de Maintenon. L'ayant faite, et au su de tous, il est bien obligé de la raconter dans les *Mémoires*; et à la façon dont il la raconte, on voit combien il est embarrassé, et qu'il ne le serait pas davantage pour raconter une visite qu'il aurait faite chez le diable en personne.

Il assure qu'il n'était jamais allé chez elle et ne savait pas même comment sa chambre était faite. « Je fus réduit à prier le valet de chambre de me conduire à elle, qui m'y poussa comme un aveugle. Je la trouvai couchée dans sa niche.... En m'approchant, elle me tira de l'embarras du compliment en me parlant la première. Elle me dit que c'était à elle de me faire le sien du rare bonheur et de la singularité inouïe d'avoir une femme qui, à trente-deux ans, avait un mérite tellement reconnu.... Je répondis que c'était de ce témoignage même que je ne pouvais assez la remercier; puis, regardant la compagnie, j'ajoutai tout de suite, avec un air de liberté, que je croyais que les plus courtes visites étaient les plus respectueuses et fis la révérence de retraite. Oncques depuis je n'y ai retourné.... » Je n'y étais pas, mais je suis sûr que la scène ne s'est pas passée ainsi. Je suis sûr que Saint-Simon n'a pas eu cet air emprunté, et qu'il n'a pas eu cette gaucherie pour parler à la dame et saluer la compagnie. A quoi servirait d'être un grand seigneur, si c'est pour avoir dans un salon des manières de cuistre ?

On voit bien quelles sont les raisons de l'animosité de Saint-Simon contre Mme de Maintenon. Il lui en veut d'avoir élevé le duc du Maine, qu'elle continuait, lorsqu'il eut passé la quarantaine, d'appeler « mon mignon » et qui l'appelait « ma mie ». Il lui en veut d'avoir été la si « chétive » épouse d'un si grand roi. Il a enfin contre elle des griefs personnels, qui sont des griefs imaginaires, et n'en ont que plus de gravité. Elle ne lui a pas fait de mal, mais il croit qu'elle lui en a fait et c'est pis. Il prétend qu'elle le haïssait et qu'il l'ignora longtemps. Il ne l'apprit qu'à la mort du Roi, quand Chamillart l'avertit et lui demanda ce qu'il avait fait à cette fée. Mais alors, quel trait de lumière ! Avec cette humeur compliquée et soupçonneuse que vous lui connaissez, quand il est informé qu'une mauvaise volonté travaillait contre lui dans l'ombre, quelle révélation et comme tout s'explique ! Voilà donc pourquoi il n'est arrivé à rien, en dépit de tout son mérite ! Il y a dans les *Mémoires* un passage auquel on ne saurait prêter trop d'attention : c'est celui où Saint-Simon, faisant à Mme de Maintenon ce reproche de desservir les gens en arrière et de perdre sournoisement ceux qu'elle n'aimait pas, ajoute : « Bien des gens eurent donc le cou rompu, sans en avoir pu imaginer la cause, et se donnèrent bien des sortes de mouvements pour la découvrir et pour y remédier et bien inutilement. » Nous savons que Saint-Simon s'était donné beaucoup de mouvement ; mais il avait eu le cou rompu, et sans doute par la faute de Mme de Maintenon ! C'est cette faute qu'il va lui faire expier. Telle est l'origine de ce grand portrait qu'il a placé dans les *Mémoires* en regard de celui du roi, qu'il s'excuse de faire si détaillé et si poussé, mais à quoi il est bien obligé, en raison de l'importance et surtout de la singularité du « personnage, unique dans la monarchie, depuis qu'elle est connue, qui a, trente deux ans durant, revêtu ceux de confidente, de maîtresse, d'épouse, de ministre, de toute-puissante, après avoir été si longuement néant et, comme on dit, avoir si longtemps et si publiquement rôti le balai ».

A l'instant d'étudier ce portrait avec vous, je m'empresse de vous dire qu'il n'est pas seulement injuste, mais qú'il est la grande injustice de Saint-Simon. A Louis XIV Saint-Simon reconnaît, parmi beaucoup de défauts, quelques qualités et de la grandeur. A Mme de Maintenon il prête tous les vices et rien que des vices. Par là, le portrait devient doublement intéressant : il nous montre jusqu'où la haine pousse Saint-Simon, je veux dire jusqu'à la calomnie nettement qualifiée et sans excuse ; et puis la destinée de Mme de Maintenon est si extraordinaire, si romanesque ; et, quoi qu'on fasse, plus merveilleuse que les récits les plus merveilleux des contes de fée, le personnage reste quand même une énigme.

**

Ce que Saint-Simon reproche d'abord à Mme de Maintenon, c'est sa basse extraction et la gueuserie de ses premières années, et d'être la fille d'un voleur, d'un faussaire, d'un faux monnayeur et d'un assassin. Ici, du moins, il faut avouer qu'il n'a pas tort : Constant d'Aubigné, le fils très indigne de l'illustre Agrippa d'Aubigné, n'a volé aucun de ces qualificatifs, et c'est même la seule chose qu'il n'ait pas volée. Que s'il a, par grand chance, évité le gibet, il a fait une longue connaissance avec la prison, tant et si bien qu'il s'y est marié, — il épousa la fille de son geôlier, — et que Françoise d'Aubigné est née dans les prisons de Niort.

Une fois où il se trouva qu'il n'était pas sous les verrous, Constant en profita pour aller chercher fortune à l'Amérique. Il eut le titre de gouverneur de Marie-Galande et séjourna deux ans à la Martinique. Françoise fit le voyage avec lui. Elle avait douze ans. Elle ne fut aucunement impressionnée par la nature des Tropiques. C'était bien avant Bernardin de Saint-Pierre, dans un temps où on ne faisait pas attention au paysage. Elle ne rapporta pas d'impressions de voyage, elle ne rapporta pas la fortune, mais elle rapporta le surnom, sous lequel on la désigna longtemps, de « la belle Indienne ». L'Inde, c'était partout où il fait chaud et où il y a des palmiers.

De retour en Poitou, Françoise, qu'on appelait aussi Francine, ou encore Bignette, fut confiée à ses parents, les Villette, qui étaient de bons parents, mais qui la faisaient élever dans le protestantisme. Ce que ne pouvant souffrir, une autre tante, Mme de Neuillant, réclama la garde de l'enfant. Mme de Neuillant était une femme pieuse mais méchante, riche mais avare et dure : il y en a des exemples. Elle envoya Françoise, avec une de ses filles, garder les dindons. Mme de Maintenon plus tard se souvenait de son temps de gardeuse de dindons. On lui mettait un masque sur le visage, crainte du hâle. On lui passait au bras un petit panier où était son déjeuner, avec un petit livret des quatrains de Pibrac pour les apprendre par cœur. Avec cela une grande gaule dans la main, et les deux cousines empêchaient les dindons d'aller où ne doivent pas aller des dindons bien gardés. A Paris on la mit chez les Ursulines qui se chargèrent de la convertir et s'y prirent sans douceur. Elle était très malheureuse. C'est donc bien vrai qu'elle a eu un triste sire de père, une mauvaise femme de tante, et qu'elle a fait de la misère.... Nous pouvons l'en plaindre. Mais franchement quel moyen de le lui reprocher ?

C'est alors que la tante, pour se débarrasser de sa nièce, imagina de la marier à Scarron. Quand la jeune fille entra dans cet intérieur débraillé

(161)

de vieux garçon, elle eut honte d'elle-même et de sa robe trop courte, et se mit à **pleurer**. Il est probable qu'elle était bien gracieuse dans sa pauvre mise et parmi ses larmes, puisque, quelques mois plus tard, Scarron l'épousait, — et ce n'était pas pour son argent. Ce fut là ce mariage avec un cul-de-jatte, dont les ennemis de Mme de Maintenon ont fait tant de bruit, comme d'une monstruosité, et où ils ont donné à entendre de telles horreurs ! Or, il est bien vrai que Françoise d'Aubigné avait seize ans et Scarron quarante-deux, et qu'en outre, Scarron était infirme. Mais s'il était infirme, il n'était pas cul-de-jatte : il avait les membres déformés par un rhumatisme articulaire : c'est assez différent. Et puis, c'était un homme célèbre, poète et auteur dramatique en vogue : la célébrité fait passer sur bien des choses. Il recevait la compagnie la plus brillante, un peu mêlée, comme il arrive chez les célibataires et dans le monde des théâtres : ce fut justement le rôle de Mme Scarron de mettre de l'ordre dans la maison et de la décence dans les conversations. Scarron avait de l'esprit, et il avait de la bonté... Non, je ne puis trouver que la pauvre Bignette ait eu tort d'épouser le pauvre Scarron. Quand on se marie, c'est très joli de choisir, mais cela suppose qu'on a le choix. Les pauvres gens ne sont pas si difficiles : ils unissent deux infortunes et — la vie est si bizarre ! — cela fait quelquefois quelque chose qui ressemble à du bonheur.

MADAME DE MAINTENON

Mme Scarron ne fut pas malheureuse en ménage et elle peut sincèrement regretter son compagnon de sept années, quand celui-ci vint à mourir, en 1659. La voilà veuve et, dit Saint-Simon, réduite à la charité de sa paroisse. De quoi va-t-elle vivre? Saint-Simon n'hésite pas à répondre : de galanterie. Elle avait commencé du temps de Scarron, étant de ces femmes que leurs maris épousent pour leurs amis. Veuve, elle continue de plus belle, pour parer au manque d'argent. « Ses appas élargirent peu à peu ce mal-être. » Saint-Simon cite des noms : Villars, père du maréchal ; Beuvron, père d'Harcourt ; les trois Villarceaux. Il n'y a eu qu'un Villarceaux, et Saint-Simon le sait bien. Qu'importe? il en met trois. Quand il s'agit de médire de Mme de Maintenon, il voit triple. Il y a eu ceux-là, et il y en a eu bien d'autres, un régiment, une armée, tout le monde. Saint-Simon cite des marchés ignobles. Villarceaux, se faisant scrupule d'entretenir sa maîtresse sous le toit conjugal, « proposa à son cousin Montchevreuil de le recevoir chez lui avec sa compagnie et qu'il mettrait la nappe pour tous. » C'est un mensonge. Et un honnête homme aurait dû rougir de souiller sa plume de telles infamies. Mais il y a plus : un homme en possession de son bon sens se serait aperçu que dans la page même où il colportait ces calomnies, il leur donnait le plus irrécusable démenti. Car je ne veux invoquer contre Saint-Simon d'autre témoignage que celui de Saint-Simon. C'est lui qui nous dira que « la Scarron devenue reine eut cela de bon qu'elle aima presque tous ses vieux amis dans tous les temps de sa vie. Elle attira Montchevreuil et sa femme à la cour.... » Comment admettre que, au faîte de la fortune, dans une situation si haute mais si délicate, Mme de Maintenon eût appelé à elle les témoins d'un honteux passé, et qu'au même moment où elle prenait soin d'effacer le souvenir de son mari, elle ait tenu à perpétuer celui de ses amants?

Laissons donc ces accusations aussi plates et banales qu'odieuses, et voyons la réalité, tellement plus curieuse et plus attachante! Devenue veuve, Mme Scarron quitte la maison de la rue Saint-Louis, trop vaste, et prend, dans un couvent du voisinage, une chambre pour elle et sa servante, la fidèle Nanon. Ainsi, elle reste dans son quartier, ce quartier de la place Royale et du Marais, où sont toutes ses relations, auxquelles elle tient, car elle met son amour-propre à être reçue dans la meilleure société. Elle fréquente à l'hôtel d'Albret, à l'hôtel de Richelieu qui continuait la tradition de l'hôtel de Rambouillet. Elle fait partie de la société précieuse. Saumaise lui fait une place dans son *Dictionnaire* sous le nom de Stratonice, « l'une des plus enjouées personnes d'Athènes ». Mlle de Scudéry la met dans la *Clélie* sous le nom de Lyriane et en trace ce portrait, charmant encore qu'un peu vague, comme sont tous les portraits du XVIIe siècle, quand ils ne sont pas de Saint-Simon : « Grande et de belle taille... le teint fort uni et fort beau, les cheveux d'un châtain clair et très agréable, le nez bien fait, la bouche bien taillée, l'air noble, doux, enjoué, modeste et, pour rendre sa beauté plus parfaite et plus éclatante, les plus beaux yeux du monde, noirs, brillants, doux, passionnés, pleins d'esprit : leur éclat avait je ne sais quoi qu'on ne saurait exprimer. » En somme, une beauté régulière où ne se remarquait que le regard d'un éclat velouté, un de ces regards profonds, doux, enveloppants, qui sont comme une caresse qui va jusqu'à l'âme. Les portraits que nous avons de Mme de Maintenon, celui qu'en a fait Mignard en sainte Françoise romaine, sont les portraits d'une femme de soixante ans. Mais la voilà, jeune veuve de vingt-cinq ans.

Tournée comme elle était, et avec ces yeux-là, elle ne pouvait manquer d'être très courtisée. Mais elle n'avait pas sa pareille pour convertir les adorateurs en amis, sans leur avoir rien accordé. Les plus libertins, un Méré, un Bussy, n'obtenaient pas plus que les autres. Fouquet lui-même.... « Tout le monde sait ce qu'était alors M. Fouquet, écrit Mme de Caylus, son faible pour les femmes et combien les plus haut huppées et les mieux chaussées cherchaient à lui plaire. » Le surintendant a trouvé deux cruelles, dont l'une fut Mme de Sévigné et l'autre Mme Scarron.

Elle n'était pourtant ni très haut huppée ni très bien chaussée. Elle vivait d'une petite pension de deux mille francs que lui servait la reine Anne. Avec ces deux mille francs, elle ne pouvait porter que des vêtements d'étamine et du linge uni ; mais elle paraissait plus avec cela que si elle avait eu un habit de soie décolorée comme en ont les demoiselles pauvres « qui veulent approcher de la mode et qui n'ont pas de quoi pour en faire la dépense ». Ainsi elle tenait son rang, et elle était partout à sa place, d'ailleurs cherchant à être utile, rendant de menus services, aidant ses amies dans les soins du ménage et l'éducation des enfants, faisant répéter le catéchisme au grand frère, emmaillotant la petite sœur. Elle ne désirait rien de plus : ç'a été le meilleur temps de sa vie. Plus tard elle s'est tuée à le répéter : « J'étais contente et heureuse. Je ne connaissais ni le chagrin, ni l'ennui : j'étais libre, j'allais à l'hôtel d'Albret ou à celui de Richelieu, sûre d'y être bien reçue.... » C'est alors qu'elle a réalisé son rêve : l'honorabilité dans un cercle choisi : « J'ai vu de tout, mais toujours en tout honneur.... Je voulais faire dire du bien de moi, faire un beau personnage et avoir l'approbation des honnêtes gens. C'était là mon idole.... Je me contraignais beaucoup, mais cela ne me coûtait rien, pourvu que j'eusse une belle réputation : c'était là ma folie. Je ne me souciais point de richesses, j'étais élevée de cent piques au-dessus de l'intérêt ; mais je voulais de l'honneur. » L'honneur, la belle réputation, la bonne gloire, — nous dirions : la considération, — cela prime tout pour Mme Scarron.

De minces revenus et de jolies relations, c'est la vie de la petite bourgeoise distinguée. La future Mme de Maintenon s'y est trouvée parfaitement heureuse, parce que c'est pour cette vie-là qu'elle était faite. Et c'est ce qu'il ne faudra jamais oublier, quand nous aurons à apprécier le rôle qu'elle jouera sur une autre scène et dans un autre cadre. Une personne d'un charme effacé, d'une élégance discrète, qui se meut à son aise dans un horizon limité et n'a d'autre ambition que de se maintenir à son rang, dans une condition un peu inférieure, mais fort honorable, voilà Mme de Maintenon quand elle a été elle-même, dans la vérité de sa nature et de ses goûts, avant qu'elle fût devenue un jouet entre les mains de la fortune.

Parmi les brillantes jeunes femmes qui fréquentaient à l'hôtel d'Albret, se trouvait la propre cousine du maréchal, la belle Athénaïs de Mortemart, marquise de Montespan. Sa faveur commençait. Un jour vint où elle eut besoin d'une amie sûre. A qui se confier plutôt qu'à cette discrète et secrète Mme Scarron ? Elle lui proposa d'élever en cachette un enfant qui était l'enfant du roi. Mme Scarron accepta. Pouvait-elle refuser? Je le crois. Sans doute on était au xviie siècle et il faut tenir compte de la différence des temps. Mme Colbert, la femme du grand ministre, avait rendu le même service pour un enfant de La Vallière. Je crois pourtant qu'il se serait trouvé, même au xviie siècle, des femmes, peut-être même des femmes de ministre, qui auraient refusé. Mme Scarron ne fut pas de ces femmes-là.

C'est dans sa destinée l'instant décisif, — et l'instant scabreux. Ce jour-là Mme Scarron n'eut pas l'austérité intraitable que sans doute elle aurait dû avoir. Elle céda à ce désir d'obliger qui est chez elle un trait de caractère, et aussi à un instinct de maternité qui n'était pas satisfait, et surtout à un goût du mystère qui se trouva être dans la circonstance une grâce d'état. Elle s'installa, pour remplir sa mission, dans une grande maison située au bout du faubourg Saint-Germain et de la rue de Vaugirard, par delà la barrière, ce qui ne l'empêchait pas de continuer pour le monde à habiter le Marais. « Je rentrais chez moi le matin par une petite porte de derrière et, après m'être habillée, je montais en carrosse pour m'en aller à l'hôtel d'Albret ou de Richelieu, afin que ma société ordinaire ne s'aperçût de rien…. » A de certains moments, elle disparaît complètement, devient invisible, ne donne plus de ses nouvelles ; puis elle reparaît, alléguant de vagues prétextes. Cela l'amuse d'intriguer la curiosité et de la décevoir, et cette vie en partie double, qui à d'autres semblerait intolérable, l'empêche de s'ennuyer.

A partir de l'année 1673, où les bâtards furent légitimés, leur gouvernante est admise à la Cour sur le pied d'une sorte de gouvernante des enfants de France. L'achat de la terre de Maintenon la débarbouille d'un nom et d'un souvenir qui marquent mal. Mme Scarron a vécu : Mme de Maintenon commence sa prodigieuse ascension.

Il paraît que Louis XIV éprouva d'abord pour elle plus d'éloignement que d'inclination. D'après Saint-Simon, il pressait Mme de Montespan de renvoyer cette « créature »; d'après Mme de Caylus, et toujours s'adressant à Mme de Montespan, il l'appelait, sur un ton de dénigrement : « votre bel esprit ». Il n'aimait pas la préciosité qui, pour lui, sentait toujours son époque de la Fronde. Une circonstance le fit revenir de ses préventions. Le duc du Maine était boiteux : il avait des jambes molles qui ne le portaient pas. On l'envoya à Barèges. Mme de Maintenon l'y conduisit en mai 1675. Sur le chemin on leur rendit tous les honneurs dus à un fils de roi. A Blaye, le gouverneur leur fit une réception magnifique.... Vous savez qui était alors gouverneur de Blaye et que c'était le duc

Claude de Saint-Simon.... Barèges était, au xviie siècle, un endroit inconnu, fréquenté des seuls paysans et que Fagon venait de découvrir. Mme de Maintenon y resta trois mois, puis trois mois à Bagnères : quand elle revint, le duc du Maine marchait. Pendant le séjour, elle avait écrit directement à Louis XIV pour le renseigner sur les progrès de la cure. Louis XIV goûta son style : cela le mena à goûter son entretien à mesure qu'il goûtait moins celui de l'impérieuse Montespan.

S'il faut en croire Saint-Simon, Mme de Maintenon déploya un art diabolique pour supplanter celle dont elle n'était en somme que la suivante. Mme de Maintenon lui apparaît comme le « fléau de Dieu » suscité d'en haut pour châtier Louis XIV de son orgueil : « La fortune, pour n'oser nommer ici la Providence, qui préparait au plus superbe des rois l'humiliation la plus profonde, la plus publique, la plus durable, la plus inouïe, fortifia de plus en plus son goût pour cette femme *adroite et experte au métier.* » Mais était-ce aussi la Providence qui, pour parfaire son œuvre, suggérait à Mme de Montespan, dépitée d'avoir à compter avec une rivale, et quelle rivale ! de se rendre de plus en plus insupportable ? Car ne cherchons pas plus loin. Mme de Montespan était devenue « la maîtresse qui fait des scènes ». Type connu et réputé intolérable. Mme de Maintenon ne ferait pas de scènes : : ce fut son principal attrait.

En 1680 Mme de Montespan, compromise dans l'affaire des poisons, quitte la Cour. En 1683, la reine meurt. La pauvre Marie-Thérèse ne tenait guère de place dans la vie de ce mari qu'elle aimait ; encore était-elle l'épouse : la place devenait vacante. « Ce fut donc dans des temps si propices à cette enchanteresse que le Roi devint libre. » L'année suivante, dans un oratoire particulier de Versailles, fut célébrée par l'archevêque de Paris une cérémonie qui n'eut pour témoins que le Père de la Chaise, Bontemps et Montchevreuil, mais qu'il est impossible de révoquer en doute. La veuve de Scarron devenait, à cinquante ans, la femme de Louis XIV qui en avait quarante-sept.... Oui, il y a là quelque chose de miraculeux.

A en croire Saint-Simon, l'ambition de Mme de Maintenon n'était pas encore satisfaite ! Avec la même âpreté qu'elle avait mise à obtenir le mariage, elle va en poursuivre la déclaration, Elle veut être l'épouse du Roi à la face du monde. et Reine publiquement. Une première fois, Louis XIV fut près de céder. Louvois, averti, accourut à Versailles, se jeta aux pieds du Roi, tira son épée et le supplia de l'en percer sur-le-champ, s'il voulait se couvrir d'une telle infamie. (La belle scène pour un drame à l'Ambigu !) Sur de nouvelles instances, Louis XIV consulta Bossuet et Fénelon. Ceux-ci firent « manquer le coup pour toujours ». Mme de Maintenon dut se résoudre à n'avoir pas les apparences d'une situation dont elle eut toute la réalité. Et la vie s'arrangea sur ce pied.

Reine, au dehors Mme de Maintenon ne l'était pas. Aucun signe extérieur. Très bien mise et de bon goût, mais « modestement et plus vieillement que son âge », ne prenant le pas sur personne, mais au contraire le cédant aux personnes titrées, ou simplement aux personnages de qualité, polie, affable, effacée.... Il était bien impossible pourtant que la vérité n'éclatât pas en certaines occasions : il n'est masque si bien appliqué qui quelque jour ne se dérange. La chose advint lors du fameux camp de Compiègne. En 1698, pour impressionner l'Europe qui croyait ses forces épuisées, Louis XIV avait organisé autour de Compiègne de grandes manœuvres, dont le spectacle fut magnifique. Voici la scène à laquelle assista Saint-Simon le 13 septembre, où se fit le simulacre de prendre Compiègne d'assaut :

« J'étais dans le demi-cercle, fort près du roi, à trois pas au plus, et personne devant moi. C'était le plus beau coup d'œil qu'on pût imaginer.... Mais un spectacle d'une autre sorte, et que je peindrais dans quarante ans comme aujourd'hui, tant il me frappa, fut celui que, du haut de ce rempart, le roi donna à toute son armée et à cette innombrable foule d'assistants de tous états, tant dans la plaine que dans le rempart même....

« Mme de Maintenon y était, en face de la plaine et des troupes, dans sa chaise à porteurs, entre ses trois glaces, et ses porteurs retirés.... A la glace droite de la chaise, le roi debout, et, un peu en arrière, un demi-cercle de ce qu'il y avait en hommes de plus distingué. Le roi était presque toujours découvert, et à tous moments se baissait dans la glace pour parler à Mme de Maintenon, pour lui expliquer tout ce qu'elle voyait et les raisons de chaque chose. A chaque fois, elle avait l'honnêteté d'ouvrir sa glace de quatre ou cinq doigts, jamais de la moitié, car j'y pris garde et j'avoue que je fus plus attentif à ce spectacle qu'à celui des troupes. Quelquefois elle ouvrait pour quelques questions au Roi, mais presque toujours c'était lui qui, sans attendre qu'elle lui parlât, se baissait tout à fait pour l'instruire, et quelquefois qu'elle n'y prenait garde, il frappait contre la glace pour la faire ouvrir. Jamais il ne parla qu'à elle, hors pour donner des ordres en peu de mots et rarement.... J'examinais fort les contenances : toutes marquaient une surprise honteuse, timide, dérobée ; et tout ce qui était derrière la chaise et le demi-cercle avait plus les yeux sur elle que sur l'armée, et tout dans un respect de crainte et d'embarras....

« Vers le moment de la capitulation, Mme de Maintenon apparemment demanda permission de s'en aller, le roi cria : « Les porteurs de Ma-

« dame ! » Ils vinrent et l'emportèrent ; moins d'un quart d'heure après, le roi se retira suivi de Mme la duchesse de Bourgogne et de presque tout ce qui était là. Plusieurs se parlèrent des yeux et du coude, en se retirant, et puis à l'oreille bien bas. On ne pouvait revenir de ce qu'on venait de voir.... Jusqu'aux soldats demandaient ce que c'était que cette chaise à porteurs, et le roi à tous moments baissé dedans ; il fallut doucement faire taire les officiers et les questions des troupes.... »

Quel art de raconter et de peindre ! Car la scène n'eut certes pas ce relief ; elle passa inaperçue ; aucun témoin ne l'a relatée : il semble bien qu'elle ne scandalisa personne. Toute la couleur n'en est que dans les yeux de Saint-Simon, et tout le frémissement n'en vient que de son âme.

Dans le particulier, Mme de Maintenon est reine absolument. Elle donne des audiences, comme le roi, aussi difficiles pour le moins à obtenir que celles du roi et non moins importantes. On lui parle sur son passage comme au roi, à sa sortie de chez elle, ou à sa rentrée. Voici sa journée, racontée par Saint-Simon. Le matin, dès qu'elle est levée, son premier soin est d'aller à Saint-Cyr. Elle y arrive entre sept heures et huit heures, — sept heures et huit heures du

matin, — donne des audiences, satisfait sa manie de régenter. Rentrée à Versailles, le roi vient chez elle plusieurs fois dans la journée : elle ne va jamais chez lui. A cinq heures, le roi s'installe chez elle pour travailler. Ils sont dans leur fauteuil, aux deux coins de la cheminée, une table devant chacun d'eux et deux tabourets devant la table, un pour le ministre, un pour son sac. Pendant le travail, Mme de Maintenon lit ou travaille « en tapisserie ». Elle entend tout ce qui se dit entre le Roi et son ministre qui parlent tout haut. Rarement elle met son mot. Parfois le Roi se tourne à elle et lui demande : « Qu'en pense votre Solidité ? » Elle sourit, fait l'incapable. En réalité, elle est d'accord avec le ministre qui tout à l'heure est venu prendre le mot d'ordre. Et ainsi « les trois quarts des grâces et des choix, et les trois quarts encore du quatrième quart de ce qui se passait par le travail des ministres chez elle, c'était elle qui en disposait ». Vers les neuf heures du soir, deux femmes de chambre venaient la déshabiller : on lui apportait son couvert, un potage et quelque chose de léger. Puis ses femmes la mettaient au lit, « et tout cela en présence du Roi et du ministre qui n'en discontinuait pas son travail.... Tout cela gagnait dix heures que le roi allait souper et en même temps on tirait les rideaux de Mme de Maintenon. »

Il est curieux de trouver sous la plume de Mme de Maintenon le récit de la même journée, et de noter les différences. C'est dans l'un de ses entretiens avec une des dames de Saint-Cyr, Mme de Glapion. « On commence à entrer chez moi vers sept heures et demie (c'est le chirurgien, le médecin, et des ministres et des évêques, et le roi lui-même). J'ai encore ma coiffure de nuit; cependant ma chambre est comme une église ; il s'y fait comme une procession ; tout le monde y passe et ce sont des allées et des venues perpétuelles. » Le Roi repasse au retour de la messe, puis c'est la duchesse de Bourgogne, et tout un cercle de dames. A midi, le dîner en compagnie de Mme d'Heudicourt et Mme de Dangeau. C'est le temps que Monseigneur prend pour venir la voir : « c'est l'homme du monde le plus difficile à entretenir, car il ne dit mot. » Toute la journée, défilé de solliciteurs. « Quand le roi est revenu de la chasse, il vient chez moi : on ferme la porte et personne n'entre plus. Me voilà donc seule avec lui. Il faut essuyer ses chagrins s'il en a, ses tristesses, ses vapeurs : il lui prend quelquefois des pleurs dont il n'est pas le maître, ou bien il se trouve incommodé. Il n'a point de conversation ». Arrive le ministre. Le travail commence. Le roi a sans cesse quelque chose à lui montrer. « Je me fais apporter mon fruit avec ma viande pour me hâter, tout cela le plus vite que je puis.... Je suis debout depuis six heures du matin : je n'ai pas respiré de tout le jour. » Enfin ses femmes la mettent au lit ; elle les congédie pour ne pas gêner le roi, à qui l'idée ne vient même pas qu'elle puisse avoir besoin de leurs soins. « A dix heures... tout le monde sort.... Me voilà seule.... Mais souvent les inquiétudes et les fatigues de la journée m'empêchent de dormir. » Comme vous le voyez, des deux côtés la « mécanique » de la journée est la même, mais c'est l'état d'esprit qui est différent : dans Saint-Simon le manège de l'ambitieuse attentive à ne rien laisser échapper d'une autorité qui s'étend à toutes choses ; chez Mme de Maintenon la lassitude d'une vieille femme qui, transportée dans ce milieu de grandeur et de toute-puissance, n'est pas encore revenue de l'étonnement de s'y voir.

Un mot maintenant de l'entourage de Mme de Maintenon. Ce sont ses amis de l'ancien temps : Mme de Montchevreuil « grande créature maigre, jaune, qui riait niais et montrait de longues vilaines dents, dévote à outrance, d'un maintien composé et à qui ne manquait que la baguette pour être une parfaite fée » ; Mme d'Heudicourt, un démon domestique, vieille, hideuse, d'ailleurs pleine d'esprit et du plus amusant ; la marquise de Dangeau qui dut être bien charmante, puisque Saint-Simon lui-même nous en fait ce portrait : « jolie comme le jour, faite comme une nymphe, avec toutes les grâces de l'esprit et du corps ». Deux nièces : Mlle d'Aubigné, mariée au comte d'Ayen, fils aîné du maréchal de Noailles, et la charmante Caylus, celle qui se convertit au catholicisme à condition qu'on la mènerait tous les jours à la messe du roi et qu'on ne lui donnerait pas le fouet, mariée à un ivrogne qu'on tenait à la frontière pour qu'il n'approchât pas de sa femme, la spirituelle Caylus qui jouait si bien la comédie, qui a laissé des *Souvenirs* si délicieux d'ironie voilée et que Louis XIV ne pouvait souffrir. Enfin un frère, le comte d'Aubigné, que Dieu avait envoyé à Mme de Maintenon pour ses péchés et qui fut la croix de son existence. Elle n'en put jamais rien faire. Elle payait ses dettes, elle lui dénichait une situation : il lui retombait toujours sur les bras.

Saint-Simon en a brossé un portrait, truculent et déjà romantique, de faux brave et de gueux à la trogne enluminée : on songe à ces spadassins que traînaient avec elles les fameuses courtisanes et dont s'est souvenu Émile Augier dans *l'Aventurière*. Pourtant ce drôle bénéficie de quelque indulgence auprès de Saint-Simon : c'est qu'il avait pour coutume, quand il avait bu, de vilipender sa sœur.

« C'était un panier percé, fou à enfermer, mais plaisant avec de l'esprit et des saillies et des reparties auxquelles on ne se pouvait attendre. Avec cela bon homme et honnête homme, poli, et sans rien de ce que la vanité de la situation de sa sœur eût pu mêler d'impertinent, mais d'ailleurs il l'était à merveille, et c'était un plaisir qu'on avait souvent avec lui de l'entendre sur les temps de Scarron, et de l'hôtel d'Albret, quelquefois sur des temps antérieurs, et surtout ne se pas contraindre sur les aventures et les galanteries de sa sœur, en faire le parallèle avec sa dévotion et sa situation présente, et s'émerveiller d'une si prodigieuse fortune. Avec le divertissant, il y avait beaucoup d'embarrassant à écouter tous les propos qu'on n'arrêtait pas où on voulait, et qu'il ne faisait pas entre deux ou trois amis, mais à table devant tout le monde, sur un banc des Tuileries et fort librement encore dans la galerie de Versailles, où il ne se contraignait pas non plus qu'ailleurs de prendre un ton goguenard, et de dire très ordinairement « le *beau-frère* » lorsqu'il voulait parler du roi. J'ai entendu tout cela plusieurs fois, surtout chez mon père où il venait plus souvent qu'il ne désirait, et dîner aussi, et je riais sous cape de l'embarras extrême de mon père et de ma mère, qui fort souvent ne savaient où se mettre. »

D'Aubigné mourut en 1703. Ce fut, de l'aveu de Mme de Maintenon, la seule satisfaction qu'il lui eût jamais donnée.

N'oublions pas la fidèle Nanon, de qui l'élévation de sa maîtresse fit un personnage et qui s'appliquait à être en toutes choses l'exacte copie de ce prestigieux modèle. « Mme de Maintenon avait conservé auprès d'elle une vieille servante qui, du temps de sa misère et qu'elle était veuve de Scarron, à la charité de sa paroisse de Saint-Eustache, était son unique domestique ; et cette servante, qu'elle appelait encore Nanon, comme autrefois, était pour les autres Mlle Balbien, et fort considérée par l'amitié et la confiance de Mme de Maintenon pour elle. Nanon se rendait aussi rare que sa maîtresse, se coiffait et s'habillait comme elle, imitait son précieux, son langage, sa dévotion, ses manières. C'était une demi-fée à qui les princesses se trouvaient heureuses quand elles avaient occasion de parler et de l'embrasser, toutes filles du roi qu'elles fussent, et à qui les ministres qui travaillaient chez Mme de Maintenon faisaient la révérence bien bas. »

Car Saint-Simon le répète en maints endroits, et chaque fois avec plus de force et de conviction : pendant la dernière partie du règne de Louis XIV, Mme de Maintenon fut la maîtresse absolue de la France. Rien ne s'y fit que par elle : « Tout à ses pieds : tout bon et tout bien par elle, tout réprouvé sans elle : les hommes, les affaires, les choses, les choix, les justices, les grâces, la religion, tout sans exception en sa main et le roi et l'Etat ses victimes : quelle elle fut cette fée incroyable et comment elle gouverna sans lacune, sans obstacle, sans nuage le plus léger, plus de trente ans entiers. » Son influence se serait marquée surtout dans la révocation de l'édit de Nantes, qui serait son œuvre, concertée avec Louvois et le Père de la Chaise.

Il y a dans les *Mémoires* une page très belle, où Saint-Simon flétrit avec une admirable éloquence la révocation de l'édit de Nantes. Je vous la lirais si elle était moins connue. Comment admettre pourtant que Mme de Maintenon, dès la première année de son règne, ait combiné, une mesure d'une telle importance avec Louvois, et quand nous savons, par Saint-Simon lui-même, leur réciproque hostilité ? L'auteur des *Mémoires* n'a pas hésité à reprendre à son compte les imputations des pamphétaires et de la « littérature Réfugiée ». Mais Voltaire en a fait justice en trois petites phrases courtes, nettes et sans réplique. Il écrit à Formey en 1753 : « Pourquoi dites-vous que Mme de Maintenon eut beaucoup de part à la révocation de l'édit de Nantes ? Elle n'y eut aucune part : c'est un fait certain. Elle n'osait jamais contredire Louis XIV. » Voilà la réalité.

Il est vrai que plus tard, en 1697, consultée sur la question de savoir s'il fallait rappeler les Réfugiés, alors que les puissances étrangères faisaient de ce rappel une condition de la paix, elle ne fut pas d'avis que la mesure ainsi offerte à la France, le couteau sur la gorge, fût acceptable. Mais s'il est un homme qui n'ait pas le droit de le reprocher à Mme de Maintenon, c'est Saint-Simon qui, beaucoup plus tard, et alors que la situation internationale n'était pas aussi tendue, consulté par le Régent sur cette même mesure du rappel des Réfugiés, en détourna le Régent.

Saint-Simon avait, en matière de liberté de conscience, des idées moins nettes que l'éloquente page, à laquelle je faisais allusion tout à l'heure, ne le donnerait à croire. S'il n'admettait pas la persécution à main armée, il s'accommodait volontiers d'une autre persécution sournoise et détournée. Il faut, dit-il, « les réduire tous de fait, mais sans déclaration publique, au seul négoce, aux arts, aux métiers, et les nobles et les plus riches à vivre de leur bien, sans nul emploi, civil ni militaire. » Or il est clair qu'on ne saurait trop flétrir et en tout temps l'emploi de la violence dans ces délicates questions ; il est inique d'envoyer des soldats pour faire entrer les gens à l'église, ou pour les en faire sortir ; mais c'est une tyrannie à peine moins odieuse d'écarter toute une catégorie de Français des emplois civils et militaires pour crime d'opinion religieuse, et de les traiter en suspects et en parias, parce qu'ils restent fidèles à la foi où ils ont été élevés et conforment leur vie aux indications de leur conscience.

Non contente de gouverner la France, Mme de Maintenon aurait voulu étendre sa domination sur l'Espagne, et c'est à quoi elle aurait employé Mme des Ursins. Or, sur cette question, la correspondance entre ces deux femmes, dont l'une est l'antithèse vivante de l'autre, nous renseigne abondamment et ne laisse aucun point obscur. Chargée par le roi de surveiller la Cour d'Espagne en correspondant avec la princesse des Ursins, Mme de Maintenon n'a fait autre chose que seconder avec docilité les vues de Louis XIV : elle n'a nullement cherché à exercer une influence personnelle. Qu'elle n'eût aucune influence, étant toujours là, cela était bien impossible : celle qu'elle a eue s'est limitée à des questions de personnes, à des choix et à des nominations, surtout dans le clergé. Ces choix ont été pour la plupart excellents. Elle n'a fait nommer que de bons prêtres ; mais c'étaient le plus souvent des sulpiciens, ce n'étaient pas des grands seigneurs, et c'est le crime que Saint-Simon ne pardonne pas. Et comme on reconnaît bien la femme à cette manière de s'intéresser, non aux affaires, mais aux personnes : manque d'idées générales, absolu dévouement à ses amis.

Voilà ce que Saint-Simon n'a pas su voir. On l'a dit très justement, la question du rôle historique de Mme de Maintenon est une question de psychologie. Saint-Simon s'est complètement trompé sur la psychologie de Mme de Maintenon. Il a fait d'elle l'ambitieuse, la femme d'affaires et d'action, qui, sans jamais se détourner d'un dessein nettement conçu et énergiquement voulu, utilise tous les moyens, et se sert de toutes les circonstances comme d'autant d'étapes pour parvenir à son but. Il ne s'est pas aperçu combien cette continuité dans la poursuite ambitieuse est en contradiction avec ce qu'il nous dit lui-même du « naturel changeant » de Mme de Maintenon, de la légèreté avec laquelle elle s'engouait des gens et des idées pour s'en déprendre ensuite et ne les plus connaître, de cette mobilité dont nous avons tant de preuves, — notamment dans l'histoire de son gouvernement à Saint-Cyr, — et de ce qu'elle n'avait de suite en rien, et de ce qu'elle était la « reine des Dupes ». Non, elle n'avait pas le goût des affaires : sa nièce, Mme de Caylus, qui la connaissait bien, le dit formellement. Elle-même l'écrit à la princesse des Ursins : « Vous ne me croyez donc point, Madame, quand je vous dis que je n'entre dans aucune affaire, et qu'on aurait autant d'éloignement pour me les communiquer que j'ai de répugnance à les entendre. » Mais la princesse des Ursins ni Saint-Simon ne voulaient l'en croire, parce que, ambitieux eux-mêmes, ils la jugeaient à leur ressemblance.

Or il y a des accents qui ne trompent pas. C'est Mme de Maintenon qui a trouvé les accents les plus sincères et les plus douloureux pour déplorer la vanité des grandeurs et le néant des prétendues félicités qu'envie la foule des hommes. « Que ne puis-je vous donner toute mon expérience ? Que ne puis-je vous faire voir l'ennui qui dévore les grands, et la peine qu'ils ont à

remplir leurs journées ? Ne voyez-vous pas que
je meurs de tristesse dans une fortune qu'on
aurait peine à imaginer, et qu'il n'y a que le
secours de Dieu qui m'empêche d'y succomber?
J'ai été jeune et jolie, j'ai goûté des plaisirs, j'ai
été aimée partout ; dans un âge un peu plus
avancé, j'ai passé des années dans le commerce
de l'esprit ; je suis venue à la faveur, et je vous
proteste, ma chère fille, que tous ces états laissent
un vide affreux, une inquiétude, une lassitude,
une envie de connaître autre chose, parce qu'en
tout cela rien ne satisfait entièrement. On n'est
en repos que lorsqu'on s'est donné à Dieu. »
Ce n'est pas ainsi que s'exprime l'orgueil satisfait ; la volonté triomphante parle un autre langage.

Je ne crois pas, en effet, que Mme de Maintenon ait voulu sa prodigieuse élévation. Je l'en
crois bien plutôt elle-même, qui avait des raisons
d'être la mieux informée, quand elle nous dit : « J'ai
fait une étonnante fortune, mais ce n'est pas mon
ouvrage. Je suis où vous me voyez sans y avoir
tendu, sans l'avoir désiré, sans l'avoir espéré, sans
l'avoir prévu.... Je suis incapable d'intrigue et
très bornée dans mes vues.... Je ne le dis qu'à
vous, car le monde ne me croirait pas. » Et le
monde qui ne l'a pas crue a eu tort, car il eût suffi
d'un peu de bon sens et d'y réfléchir. Une telle
fortune, si Mme de Maintenon l'avait voulue, elle
ne l'aurait pas réalisée. Si elle avait tendu vers

ce but, elle l'aurait manqué. De telles réussites et si extraordinaires n'ont pas été concertées : il aurait suffi d'y tâcher pour tout perdre.

Le talent de Mme de Maintenon a été, non pas de créer les événements et de les disposer à son gré, mais de s'y prêter, de ne pas les contrarier ; elle y a été aidée par la facilité de son caractère, par sa souplesse, par ce je ne sais quoi d'accommodant et de complaisant qui est en elle. Voilà le mot vrai : elle a été la complaisante de sa propre destinée.

Libre à Saint-Simon de calomnier — outrageusement — Mme de Maintenon. Nous savons, nous, le service qu'elle a rendu au roi et par conséquent à la France : c'est de veiller sur les dernières années de Louis XIV et de nous épargner les hontes auxquelles échappe rarement Don Juan vieilli. Cela est si évident et le service est si éclatant que je n'y insiste pas.

L'erreur de Saint-Simon est une erreur historique : c'est en outre une erreur artistique. Dans le portrait de Mme de Maintenon, son art violent a échoué : il y aurait fallu un art de nuances et de demi-teintes. Il aurait fallu rendre justice à tant de noblesse vraie et de beauté morale et de charme austère et pourtant indiquer un certain mélange, un peu de brume qui voile cette figure et fait que les plus belles qualités n'y ont pas toute leur pureté et leur éclat. Comment se fait-il qu'auprès d'elle nous ne nous sentions pas en parfaite sécurité ? Mais c'est

vrai qu'il y a toujours eu en elle je ne sais
quoi de déconcertant. Mariée deux fois, la
première c'est un mariage blanc et la seconde
c'est un mariage secret ; maternelle sans être
mère, elle éprouve toutes les angoisses de la
maternité pour des enfants qui ne sont pas les
siens ; née dans la misère et parvenue au faîte
des grandeurs, la gardeuse des dindons de Mme de
Neuillant est la seule bergère qu'un roi ait
épousée. Reine, plus que ne l'ont été la plupart
des reines, elle n'est pourtant pas reine avouée
et reconnue ; elle est la vertu même et rend
des services que la vertu réprouve ; elle déteste
la Cour et elle y vit ; elle a le dégoût des grandeurs
et le goût de la grandeur ; elle est sincèrement
modeste, mais c'est d'une modestie qui ne va pas
sans bien de l'orgueil ; et si elle est sans dessein et nonchalante, c'est d'une nonchalance
qui n'exclut pas l'artifice. On voudrait n'apercevoir que le sérieux, la gravité, la solidité et se
garder de toute arrière-pensée, et pourtant des
scrupules que nous nous reprochons nous viennent
quand même et nous gênent, comme si un peu
de la complexité qui était en cette femme raison-
nable et capricieuse, enjouée et mélancolique,
forte et timide, passait en nous, pour troubler
notre sympathie et inquiéter notre admiration.

SIXIÈME CONFÉRENCE

PENDANT LA RÉGENCE

VI. — PENDANT LA RÉGENCE

ENFIN, voilà Saint-Simon aux affaires ! Il y arrive en 1715, grâce à l'amitié du Régent.

S'il y avait un homme avec qui Saint-Simon fût fait pour ne pas s'entendre, c'était ce Philippe d'Orléans qui, à la mort de Louis XIV, prend en mains le pouvoir sous le nom du Régent. Saint-Simon, parmi beaucoup de belles qualités, en a une qui prime toutes les autres : c'est la pureté de ses mœurs, l'austérité de sa morale Aussi voit-on dans les *Mémoires* qu'il est un peu gêné vis-à-vis de nous, d'avoir eu pour son meilleur' plus fidèle et plus intime ami, l'homme dont je ne dirai pas qu'il fut le plus corrompu de son temps, car il ne faut décourager personne, mais qui fit le plus ouvertement profession d'être corrompu. Il a soin de nous dire qu'il est resté systématiquement étranger à la vie de plaisir du prince ; et nous l'en croyons sur parole. Il nous répète, à maintes reprises, qu'il a donné d'excellents conseils à l'ami égaré et dévoyé, et lui a fait entendre de fortes leçons : nous ne doutons ni de la verdeur de ces leçons ni de leur inutilité. Il reste que l'intimité de deux êtres en si parfait contraste serait inexplicable, si elle ne s'expliquait par ce contraste même, et par cette loi paradoxale qui veut que deux caractères faits pour se fuir, au contraire se recherchent. C'est une des mille et une fantaisies auxquelles s'amuse la Nature.

Pour moi, à cette assiduité de l'auteur des *Mémoires* auprès de l'inquiétant neveu de Louis XIV, j'aperçois un autre mobile, que je crois très fort et que j'ai eu déjà plus d'une fois à vous signaler : la curiosité du moraliste. Oui, je le pense, cet instinct de psychologue qui, chez Saint-Simon, est si impérieux et si sûr, devait le guider vers ce prince, de physionomie si originale, qui ressemble si peu à tout ce qui l'entoure, dont l'apparition dans notre histoire est à la fois si inattendue et si logique, et qui devait être le cas le plus singulier et le plus attirant pour un amateur d'âmes.

Ils étaient à peu près du même âge. Ils avaient été élevés ensemble. Le duc d'Orléans ne manquait pas de compagnons de plaisir : Saint-Simon était l'ami des heures difficiles. Le fils de Monsieur n'était pas bien vu de son oncle : il avait tout ce qu'il fallait pour déplaire à Louis XIV. Aussi les courtisans ne s'empressaient pas toujours autour de lui ; même, à certains jours de particulière disgrâce, ils faisaient autour de lui le désert. Dans ce désert, Saint-Simon restait seul auprès du prince, s'ingéniant à le faire rentrer en grâce, et imaginant de lui rendre des services d'un genre qu'il était seul à lui pouvoir rendre. C'est ainsi qu'en 1709, comme des bruits fâcheux couraient sur le duc d'Orléans et qu'on l'accusait d'avoir intrigué en Espagne pour se substituer sur le trône à Philippe V, Saint-Simon, voulant le réconcilier avec Louis XIV, s'avisa d'obtenir de lui qu'il congédiât sa maîtresse en titre qui était alors Mlle de Séry, comtesse d'Argenton.

Saint-Simon a conté tout au long, dans les *Mémoires*, l'histoire de cette rupture dont il fut le négociateur. Il y a des gens qui ont l'art de travailler sans qu'on s'en aperçoive et d'agir sans en avoir l'air. Saint-Simon n'est pas de ces gens-là. Pour peu qu'il s'occupe d'une affaire, on croirait qu'il remue le monde. Donc il alla trouver le duc d'Orléans et, pour donner plus d'autorité à sa démarche, il se fit accompagner du maréchal de Besons. Un maréchal! On ne voit pas bien ce qu'un maréchal vient faire en cette affaire, si ce n'est que Saint-Simon l'a conçue comme une opération militaire et qu'il met ses arguments en ligne comme des régiments.

Il fallut s'y reprendre à trois fois. Le duc d'Orléans, qui aimait encore Mme d'Argenton, fit une belle défense : finalement il dut se rendre.

Les mauvaises langues prétendirent qu'au fond il n'en était pas fâché, qu'il était las de Mme d'Argenton, qu'on avait cru lui faire rompre un lien et qu'on l'avait délivré d'une chaîne. Madame, la Palatine, assure que cette brunette était rapace, qu'elle le traitait comme un esclave, lui disait des mots grossiers comme on n'en dit pas à un valet de chiens, et lui donnait des coups de pied. En fait de grossièretés, elle s'y connaissait; mais elle était la mère : quand elle parle de la maîtresse de son fils, on ne peut lui demander d'être impartiale. Or, de toutes les maîtresses du Régent il semble que celle-ci ait été la seule à avoir un peu d'âme, dont les autres furent si complètement dépourvues. Au surplus, il n'est pas besoin d'aller chercher en elle la cause d'une lassitude qui venait toute de lui. Tout lien, si léger qu'il fût, avait tôt fait de peser à cet inconstant.

Après cela, et pour un détail aussi insignifiant que cette rupture, la conduite du duc d'Orléans allait-elle être changée? Saint-Simon le crut, mais il fut seul à le croire ou à l'imaginer. Le duc d'Orléans quittait une fille d'honneur, il prit une fille d'opéra, et il n'en fut pas davantage. Saint-Simon avait remporté une victoire, mais c'était une de ces victoires sans lendemain, qu'on appelle des victoires à la Pyrrhus.

A quelque temps de là, Saint-Simon remporta un autre succès du même genre dans une affaire qui, à l'en croire, lui coûta encore plus de peine : le mariage de la fille du duc d'Orléans avec le duc de Berry, petit-fils de Louis XIV. Je ne sais pas comment s'y sont pris Richelieu et Mazarin, de Lyonne et Torcy pour venir à bout des négociations qui leur ont valu dans l'histoire la réputation d'avoir été d'assez bons diplomates. Mais ce que je sais bien, c'est que toute leur diplomatie n'est rien auprès de celle que Saint-Simon nous dit avoir mise en œuvre pour arriver à réaliser ce prodige : le mariage d'une cousine avec son cousin.

D'ailleurs il avait fait de bel ouvrage ! L'adroite princesse avait jusque-là caché son jeu : elle prouva une fois de plus qu'il n'est pire eau que l'eau qui dort. Tout ce qu'elle dissimulait affleura soudain : « C'était un prodige d'esprit, d'orgueil, d'ingratitude et de folie : et c'en fut un de débauche et d'entêtement. » Le pauvre petit duc de Berry, qui l'aimait, en demeura stupide et prit le parti de mourir. Dans le même chapitre où il nous conte le succès de ses négociations matrimoniales, Saint-Simon ajoute : « Plus cette princesse se laissa connaître... plus nous sentîmes à quel point on agit en aveugle dans ce qu'on désire avec le plus de passion, et dont le succès cause plus de peine, de travaux et de joie ; plus nous gémîmes du malheur d'avoir réussi

dans une affaire que, bien loin d'avoir entreprise
et suivie au point que je le fis, j'aurais traversée
avec encore plus d'activité... si j'avais su le
demi-quart, que dis-je? la millième partie de ce
dont nous fûmes si malheureusement témoins. » Et
il est bien vrai que, la plupart du temps, si on
savait, on agirait autrement; mais il n'est pas
prouvé que ce serait mieux ainsi.

Quand mourut le duc de Bourgogne, tout
le monde accusa le duc d'Orléans de l'avoir
fait empoisonner : ce fut au point que, le jour
des obsèques, celui-ci fut insulté par la foule. Il
n'y eut alors, pour refuser d'admettre cette
abominable accusation, que Saint-Simon et
Louis XIV. Pour une fois que Saint-Simon ne
croit pas à un empoisonnement, il est juste de
lui en savoir gré. Le duc d'Orléans lui en sut gré,
et le Régent tint les promesses du duc d'Orléans :
il fit de Saint-Simon un de ses confidents.

On se représente assez bien comment les
choses se passaient entre le prince et son rude
conseiller. Saint-Simon arrivait au Palais-Royal,
car la Cour n'était plus à Versailles et le premier
soin du Régent avait été de rentrer à Paris et
de ramener Louis XV aux Tuileries. Donc Saint-
Simon arrivait au Palais-Royal tout frémissant,
— toujours frémissant, — et sous pression. Il

gourmandait l'insouciance du Régent, il bom-
bardait sa faiblesse, il tirait sur lui à boulets
rouges. Il s'indignait de ne trouver en lui que de
« la filasse, pour ne pas dire du fumier ». Il s'écriait
d'un ton fort tragique : « Ah ! vous voilà bien,
débonnaire ! Depuis Louis le Débonnaire, on
n'a rien vu d'aussi débonnaire que vous ! » Le
Régent laissait passer l'orage et pleuvoir les
boulets rouges : il essuyait le feu. Il connaissait
cette fidélité bruyante et un peu indiscrète. Il
n'avait pas grande confiance dans les lumières
du politique ; mais il aimait l'ami, comme on aime
ces amis insupportables à qui on passe beaucoup
de choses. Il l'écoutait, le plus souvent avec une
nuance d'ironie imperceptible, qui échappait à
Saint-Simon. Quelquefois aussi il accentuait la
note, afin qu'elle ne pût échapper à Saint-Simon.
Il avait d'ailleurs, pour supporter ce que Saint-
Simon appelle des « râtelées », le don des natures
nonchalantes sur qui tout passe sans faire impression. Quelquefois encore il l'interrompait par une
de ces plaisanteries qui mettent en fureur les
personnes graves, mais qui ont pour effet sûr
de les déconcerter, de les désarçonner, de les
prendre au dépourvu et de les laisser sans
réplique. Le Régent renvoyait Saint-Simon
dépité, enragé : et il ne lui en voulait pas.

De toutes les idées que Saint-Simon avait
soumises au Régent, une seule fut adoptée :
celle qui consistait à remplacer les secrétaires

d'État par des Conseils. Aux yeux de Saint-Simon, un des pires scandales du règne de Louis XIV avait été la toute-puissance des secrétaires d'État, c'est-à-dire des ministres, qui étaient quelquefois de bons ministres, et même des ministres de génie, mais qui étaient des hommes de rien. Pour briser leur puissance, le meilleur moyen était de la diviser, c'est-à-dire de leur substituer une réunion de plusieurs personnes, un Conseil, qui, — bien entendu, — serait présidé par un duc et pair. Il y eut ainsi, au lieu d'un ministre des finances, d'un ministre de la guerre, de la marine, etc., un Conseil des finances, un Conseil de la guerre, un Conseil de la marine. Si vous voulez juger de la valeur pratique de cette innovation, je vous dirai que les Conseils étaient ce que, dans notre système parlementaire actuel, on appelle des Commissions....

Saint-Simon fit partie du Conseil de Régence, celui où tout aboutissait et qui était au sommet de la hiérarchie. Il s'y lia avec Torcy, un diplomate de la grande école, à qui il dut communication de documents et de notes de la première importance, dont il s'est servi dans les *Mémoires*, en sorte que, pour la politique étrangère de la Régence, les *Mémoires* sont une source d'une autorité indiscutable. Et il s'y brouilla avec le duc de Noailles, de qui il disait un jour au Régent : « Je ne me cache à vous, à personne, ni à lui-même, que le plus beau et le plus délicieux jour de ma vie ne fût celui où il me serait donné par la justice divine de l'écraser en marmelade et de lui marcher à deux pieds sur le ventre.... » Le duc de Noailles va être pour Saint-Simon, sous la Régence, ce qu'ont été pour lui, sous Louis XIV, les Desmarets et les Pontchartrain, qu'il poursuit de ses invectives. Il lui faut un bouc émissaire, sur qui faire retomber tous les péchés d'Israël ; ou, si vous préférez, il lui faut une tête de turc.

Le rôle politique de Saint-Simon fut des moins reluisants. Comme Cassandre, il gémissait ; et, comme Cassandre, on ne l'écoutait pas. La question la plus aiguë continuait d'être la question financière. Pour libérer l'État de sa dette, Saint-Simon proposa un moyen radical : la banque-route. Il faisait un raisonnement spécieux. Un roi, disait-il, n'hérite pas de son prédécesseur : chacun de nos rois n'est en effet que le dépositaire du pouvoir royal, qui existe par lui-même, en soi et indépendamment de ses titulaires successifs. Mais puisque Louis XV n'hérite pas de Louis XIV son pouvoir, il n'hérite donc pas davantage de lui ses dettes ; donc il n'a pas à les payer.

Le procédé parut un peu vif. On préféra le système de Law auquel Saint-Simon était très opposé. Sur un autre point encore, Saint-Simon fut battu. Avec toute la vieille Cour, il était par-

tisan de l'alliance espagnole : sous deux princes de la maison de Bourbon, France et Espagne ne peuvent être que des nations amies : il n'y a plus de Pyrénées. Au contraire, Dubois fait accepter au Régent l'idée de l'alliance anglaise.
— Sur les deux chapitres essentiels qui dominent toute la politique de la Régence, l'adoption du système de Law et l'alliance anglaise, Saint-Simon a donc échoué.

Cette institution elle-même des Conseils, qui avait été sa grande pensée, il fallut, après une expérience de trois années, y renoncer. L'expérience avait été déplorable. Au Conseil de Régence on était quinze, — seize, les jours que le Roi y venait : c'est beaucoup de monde pour faire un peu de besogne. Saint-Simon conte à ce sujet une jolie anecdote indiquée d'un trait rapide et léger : « Une fois que le roi y vint, un petit chat qu'il avait le suivit, et, quelque temps après, sauta sur lui, et, de là sur la table où il se mit à se promener et aussitôt le duc de Noailles à crier parce qu'il craignait les chats. M. le duc d'Orléans se mit aussitôt en peine pour l'ôter, et moi à sourire et à lui dire : « Eh, monsieur, laissez ce petit « chat : il fera le dix-septième! » Les Conseils de la Régence, étaient une mauvaise invention : on les supprima.

De son propre échec Saint-Simon conclut à l'inutilité de tout effort. Il n'avait réussi à rien, c'est donc qu'il n'y avait rien à faire. Il a glissé dans les *Mémoires* telle page d'une amertume où se reconnaîtront tous les désabusés : « Cette occasion, écrit-il, m'arrache une vérité que j'ai reconnue, pendant que j'ai été dans le Conseil, et que je n'aurais pu croire si une triste expérience ne me l'avait apprise, c'est que tout bien à faire est impossible. Si peu de gens le veulent de bonne foi, tant d'autres ont un intérêt contraire à chaque sorte de bien qu'on peut se proposer ! Tout le bien possible à faire avorte nécessairement toujours.... Cette affligeante réalité... devient infiniment consolante pour ceux qui sentent et qui pensent, et qui n'ont plus à se mêler de rien. » Voilà bien de l'éloquence pour traduire un sentiment bien banal, celui de tout politicien que la politique abandonne. En 1718, c'était un peu tôt pour décider que le chapitre des gloires de la France était clos.

Dans toute la politique du Régent, il n'y a qu'une mesure où l'on retrouve, sans pouvoir s'y méprendre, la main de Saint-Simon : c'est le fameux lit de justice qui se tint aux Tuileries le 26 août 1718. Je reviendrai sur l'intensité de description de cette scène justement célèbre, quand j'étudierai dans une autre leçon l'art de Saint-Simon. Je note seulement ici que Saint-Simon conseilla au Régent de tenir ce lit de justice, de le tenir aux Tuileries, et de brusquer les choses afin de prendre l'adversaire à l'improviste.

Il s'agissait d'humilier le Parlement, en cassant ses derniers arrêts considérés comme séditieux, d'humilier les bâtards en leur enlevant le rang de princes du sang, que leur avait conféré le testament de Louis XIV, et les réduisant à leur rang d'ancienneté dans la pairie, d'humilier le duc du Maine en lui retirant l'éducation de Louis XV. Tant d'humiliations en une fois, quelle aubaine et quel sujet à s'y délecter ! Saint-Simon machina l'affaire en grand mystère, avec ce goût qu'il avait pour les machinations et pour le mystère. Il s'employa fiévreusement à tout préparer jusque dans le moindre détail et jusqu'aux détails d'ameublement. Il eut des conférences avec Dubois, avec M. le Duc, avec le Régent — et avec le tapissier ! Enfin la séance eut lieu, telle que vous la connaissez, et telle que Saint-Simon, dans ses plus beaux rêves, n'avait pas osé l'espérer. Ce fut l'effondrement de ces fiers légistes, l'écrasement de cet impudent bâtard. Et c'est le chef-d'œuvre de la politique de Saint-Simon, l'aboutissement de toutes ses rancunes et de toutes ses haines, l'épanouissement de sa vengeance. C'est le morceau capital des *Mémoires.*

Je ne crois pas d'ailleurs que cette mesure ait eu l'importance que lui prête Saint-Simon. Elle n'eut que peu d'action sur la politique générale. Qui sait ? Elle n'eut peut-être pour effet que de rejeter violemment le duc du Maine dans l'opposition. Poussé par son intrigante de femme, il entra dans la conspiration de Cellamare. C'était une conspiration pour rire. Le Régent était d'avis d'étouffer l'affaire. Saint-Simon fit prévaloir l'autre parti qui était d'arrêter les conspirateurs. Le duc du Maine se laissa conduire en prison sans résistance, en philosophe qui pense qu'il y sera à peine plus étroitement captif que chez lui et qu'au moins il aura la paix. Quant à la duchesse du Maine, elle se crut revenue aux beaux temps de la Fronde. On la conduisit à Dijon sous bonne escorte. « On eût dit, pendant la route, que c'était une fille de France qu'une haine sans cause et sans droit traitait avec la dernière indignité. L'héroïne de roman, farcie des pièces de théâtre qu'elle jouait elle-même à Sceaux depuis plus de vingt ans, ne parlait que leur langage. » Saint-Simon était déchaîné. S'il faut en croire certains témoignages, à ses yeux ce n'était pas assez que la prison pour de telles espèces. Le marquis d'Argenson écrit dans ses *Mémoires :* « Ce petit *boudrillon* voulait qu'on fît le procès à M. le duc du Maine, et qu'on lui fît couper la tête.... Voyez un peu quel caractère odieux, injuste et anthropophage de ce petit dévot sans génie.... » Maintenant qu'il se mêlait de vouloir faire couper la tête aux gens, Saint-Simon devenait dangereux, tout au moins gênant. Il était le conseiller importun qu'il faut éloigner à tout prix : c'est à quoi, de tout temps, ont servi les ambassades. Et voilà comment Saint-Simon devint ambassadeur.

*
* *

Saint-Simon ambassadeur.... Si la première qualité d'un ambassadeur est une humeur conciliante, il faut avouer que Saint-Simon n'était pas des mieux qualifiés pour ses nouvelles fonctions. Naguère, quand il s'était agi de l'envoyer en ambassade à Rome, ses amis lui avaient fortement conseillé de ne rien faire sans prendre l'avis de Mme de Saint-Simon qui, elle, avait du bon sens : ils se méfiaient. Mais, cette fois, il ne s'agissait que d'une ambassade extraordinaire : il n'y a, dans ces sortes d'ambassades, ni négociations à mener, ni affaires à suivre : tout est réglé d'avance et on ne vous demande que de représenter congrûment. L'entente venait de se refaire entre la France et l'Espagne et on allait la sceller par un double mariage, celui de l'infante avec Louis XV, et celui d'une fille du duc d'Orléans, Mlle de Montpensier, avec le prince des Asturies. Ce mariage contentait tout le monde, excepté Louis XV qui pleura un peu en apprenant l'âge de sa fiancée, trois ans, et à qui on eut toutes les peines du monde à faire comprendre que, dans les mariages royaux, les préférences personnelles des mariés ne comptent pas. Saint-Simon était envoyé à Madrid pour faire la demande solennelle de l'infante et signer le contrat.

Il avait accepté cette mission et l'avait même sollicitée, dans l'espoir de faire son second fils grand d'Espagne et de « brancher sa maison ». C'était, dit-il, son unique objet, et il le répète avec tant d'insistance qu'il faut qu'il en ait eu un autre; mais il saute aux yeux que sa vanité trouvait son compte à jouer au personnage d'importance. Le fait est que, du jour où il se met en route, il est parfaitement en joie et s'y maintiendra jusqu'au retour. Et nous allons assister à un spectacle tout nouveau, celui d'un Saint-Simon gai, content, optimiste et bonhomme.

Il partit en poste le 23 octobre, emmenant avec lui ses deux fils et un imposant cortège : Dubois avait voulu qu'il fît bien les choses. Il passa par Bordeaux où les jurats vinrent le complimenter. A Bayonne, il fut très bien traité par la reine douairière d'Espagne qui, au moment des adieux, lui avoua qu'elle se trouvait dans le plus complet dénûment « faute de tout paiement d'Espagne, depuis des années » et le pria d'obtenir pour elle quelque petite chose de Leurs Majestés Catholiques. Jusqu'alors, il avait eu mauvais temps ; mais, dès l'entrée en Espagne, le ciel se rasséréna, la température devint charmante, le pas des mules grand et doux, le chocolat exquis. Les gentilshommes qui vinrent au-devant de lui à Vittoria lui firent l'effet d'être des gentilshommes considérables. Les dames qui, à Salinas, le prièrent de monter chez elles, lui parurent, à n'en pas douter, des dames de qualité. Enfin tout était pour le mieux dans la meilleure des Espagnes.

Dès le lendemain de son arrivée à Madrid, le 22 novembre, il alla saluer le roi, et sa première impression fut — comment dire? — déconcertante. « Le premier coup d'œil, lorsque je fis ma première révérence au roi d'Espagne en arrivant, m'étonna si fort que j'eus besoin de rappeler tous mes sens pour m'en remettre. Je n'aperçus nul vestige du duc d'Anjou qu'il me fallut chercher dans son visage fort allongé, changé, et qui disait encore beaucoup moins que lorsqu'il était parti de France. Il était fort courbé, rapetissé, le menton en avant, fort éloigné de sa poitrine, les pieds tout droits, qui se touchaient et se coupaient en marchant, quoiqu'il marchât vite, et les genoux à plus d'un pied l'un de l'autre. Ce qu'il me fit l'honneur de me dire était bien dit, mais si l'un après l'autre, les paroles si traînées, l'air si niais, que j'en fus confondu. » Le changement de climat ne lui avait pas réussi. « La reine, que je vis un quart d'heure après, m'effraya par son visage marqué, couturé, défiguré à l'excès par la petite vérole. » Tranchons le mot : c'était une déception.

Elle fut amplement réparée par les splendeurs de l'audience solennelle qui eut lieu trois jours après. Ce fut magnifique. Saint-Simon avait pris place dans un carrosse du roi attelé de huit chevaux gris pommelé. Suivaient cinq carrosses à lui, vingt carrosses de grands seigneurs. On passa par des rues pavoisées et pleines de monde. « La joie éclatait sur tous les visages et nous n'entendions que bénédictions ». Devant le palais, il se crut aux Tuileries : des régiments qu'on pouvait prendre à leur costume pour des gardes françaises et des gardes suisses « étaient sous les armes, les drapeaux voltigeant, les tambours rappelant et les officiers saluant de l'esponton. » On arriva entre des haies de hallebardiers jusqu'à la pièce décorée pour l'audience, où le roi, debout sous un dais, n'avait plus du tout son air courbé et rapetissé. Il parla et parla si bien qu'il rendit tout son enthousiasme à Saint-Simon. Lui aussi, c'était un grand roi.

Puis audience chez la Reine et génuflexion devant chaque dame en disant *A los pies a Vuestra Excelencia*, qui est une politesse espagnole qui se comprend dans toutes les langues. Enfin signature du contrat. C'est là que, grâce à Saint-Simon, la France obtint un avantage signalé. L'ambassadeur avait pour instructions de prendre le pas sur le nonce. Comment y arriver ? Voici quel fut son stratagème. A peine introduit dans la salle du contrat, il courut se mettre à la place la plus rapprochée du roi. Quand le nonce vint pour l'en déloger, il feignit de ne pas comprendre

ce qu'on lui voulait, répondit par des remerciements; enfin il fit la bête.... Tel fut ce succès, dont
il se montre très fier.

Les jours suivants, on alla de fête en fête;
il y eut des banquets et des illuminations :
toute l'horreur des fêtes officielles. Sur la Plaza
mayor, Saint-Simon parut au balcon. La foule
l'acclama — et lui demanda une course de tau-
reaux. Cependant la Cour était pressée de quitter
Madrid pour aller trouver à Lerme un climat
moins rude. Saint-Simon l'y accompagna... et
y tomba malade de la petite vérole. Mais il
était dit que tout se passerait bien, pendant cet
heureux séjour, même la petite vérole : ce
fut une petite vérole « d'un bon caractère ».
Promptement rétabli, Saint-Simon put revenir
à Madrid où les fêtes recommencèrent, cette
fois en l'honneur de l'aîné de ses fils qui reçut
la Toison d'Or, et fut armé chevalier de la main
même du roi maniant avec grâce l'épée de Gon-
zalve de Cordoue. Après quoi, il eut son audience
de congé et revint en France, enchanté de tout
le monde. C'était la première fois de sa vie. Ce
fut la dernière.

Qu'est-ce que Saint-Simon a vu en Espagne
et qu'est-ce qu'il en a rapporté ? Tout d'abord
un tableau de la Cour d'Espagne. Ce tableau
est assez sombre; l'ambassadeur a cédé la place

à l'historien : l'impartiale observation reprend ses droits.

Comme il a fait la mécanique de la Cour de France, Saint-Simon fait la mécanique de la Cour d'Espagne. Le Roi et la Reine ont même appartement. Le matin on apporte au Roi, en guise de premier déjeuner, un « chaudeau ». « C'est une mixtion légère de bouillon, de lait, de vin qui domine, d'un ou deux jaunes d'œufs, de sucre, de cannelle et d'un peu de girofle. Cela est blanc, a le goût très fort avec un mélange de douceur. » Nous partageons le goût de Saint-Simon qui déclare : « Je n'en ferais pas volontiers mon mets.... » Pendant que Leurs Majestés Catholiques sont encore au lit, on présente au Roi les papiers d'État, à la Reine de quoi travailler en tapisserie. Le Roi se lève, donne ses audiences, entend la messe, dîne et va à la chasse. Quelle chasse ! Il n'y a dans les environs de Madrid ni gibier, ni forêts. Alors on installe le Roi sous des arbres postiches, et on rabat à portée de son fusil de malheureuses bêtes qu'il massacre au passage.

Et toujours Leurs Majestés Catholiques sont ensemble. Un tête-à-tête continuel. Impossible de dire au Roi un mot que la Reine n'entende. Cela explique que lorsqu'un favori, comme Alberoni, s'est emparé de l'esprit de la Reine, il gouverne par elle le Roi et toutes les Espagnes. Philippe V est « froid, silencieux, triste, » d'une

　14

piété toute formaliste. La Reine, une Italienne,
hait les Espagnols qui le lui rendent. Tel est
le couple royal.

Passons aux grands d'Espagne. Saint-Simon
en fait une énumération complète avec généa-
logies : il y a des Gormas et des Bazan, des ducs
d'Albuquerque et des comtes d'Onate — tout Ruy
Blas. Saint-Simon ne manque pas cette occasion de
composer une galerie de leurs portraits : quelques-
uns ressemblent à Don Quichotte, mais le plus
grand nombre à Sancho Pança. Voici le duc d'Albuquerque : « J'aperçus devant moi, tout contre, un
petit homme trapu, mal bâti, avec un habit
grossier sang de bœuf... des cheveux verts et gras
qui lui battaient les épaules, de gros pieds plats
et des bas gris de porteur de chaise. Je ne le
voyais que par derrière, et je ne doutais pas un
moment que ce ne fût le porteur de bois de cet
appartement. Il vint à tourner la tête et me
montra un gros visage rouge, bourgeonné, à
grosses lèvres et à nez épaté ; mais ses cheveux
se dérangèrent par ce mouvement et me lais-
sèrent apercevoir un collier de la Toison. Cette
vue me surprit à tel point que je m'écriai tout
haut : « Ah ! mon Dieu, qu'est-ce que cela ? »
Le duc de Leria, qui était derrière moi, jeta les
mains à l'instant sur mes épaules et me dit :
« Taisez-vous ! C'est mon oncle. » Et voici le
duc de Verragua : « Vilain de sa figure, sale et
malpropre à l'excès, avec des yeux pleins d'es-

prit... d'ailleurs doux, de bon commerce, entendant raillerie, jusque-là que ses amis l'appelaient familièrement : Don Puerco. »

Cette cour à un défaut, et nous ne nous en serions pas doutés, c'est l'absence d'étiquette. Mais tout s'en va. Et, par-dessus tout, elle a une tare : la toute-puissance de l'Inquisition :« Quels pays que ceux d'Inquisition ! C'est que l'Inquisition furette tout, s'alarme de tout, sévit sur tout avec la dernière attention et cruauté. Elle éteint toute instruction, tout fruit d'étude, toute liberté d'esprit, la plus religieuse même et la plus mesurée. Elle veut régner et dominer sur les esprits, elle veut régner et dominer sans mesure, encore moins sans contradiction, et sans même de plaintes, elle veut une obéissance aveugle sans oser réfléchir ni raisonner sur rien, par conséquent elle abhorre toute lumière, toute science, tout usage de son esprit : elle ne veut que l'ignorance et l'ignorance la plus grossière. La stupidité dans les chrétiens est sa qualité favorite... parce qu'elle est le fondement le plus solide de son règne et de la tranquillité de sa domination. » A ces accents vous reconnaissez le vieux gallican.... En somme, et cela ne semble pas mal vu, un pays effroyablement arriéré.

Après la société, le pays. Car cette ambassade est par ailleurs un voyage, le seul que Saint-Simon ait jamais fait. En quatre-vingts ans, une année de campagne sur le Rhin exceptée, Saint-

Simon est sorti une seule fois de France, et pour aller jusqu'à Madrid ! Encore a-t-il fallu, pour le décider à cette expédition lointaine, le mariage d'un roi avec une infante. Profitons-en pour étudier Saint-Simon en voyage, ou, comme on dirait aujourd'hui, Saint-Simon touriste.

C'est un touriste qui fait son métier en conscience. Il se détourne de son chemin pour aller voir les curiosités. De Madrid, où il est installé, il pousse jusqu'à Tolède et jusqu'à Ségovie, sans y être forcé. Les curiosités du paysage ne le retiennent pas beaucoup. A l'aller, il passe par Loyola, « vallée fort étroite dont les montagnes de roche qui la serrent des deux côtés doivent faire une glacière, quand elles sont couvertes de neige, et une tourtière en été. » Au retour : « Nous couchâmes à Roncevaux, lieu affreux. » C'est tout ce que lui inspirent les Pyrénées,... On n'avait pas encore découvert la beauté de la nature alpestre ou pyrénéenne ; on pensait que les montagnes bouchent l'horizon : c'est tout ce qu'on en pensait.

Il est plus attentif aux curiosités d'histoire et d'architecture. Il visite les lieux où il s'est passé quelque chose, Loyola, ou la prison de François Ier. Il décrit les monuments. A l'Escurial, ce qui semble l'avoir surtout frappé, c'est la chambre mortuaire, appelée Pourrissoir, où justement Vendôme était en train de pourrir. La cathédrale de Tolède, où il a tenu à aller pour y entendre la messe mozarabique, est, comme toute l'Espagne, superbe et gâtée par les moines. Saint-Simon leur demande de le mener à la salle des Conciles ou à ce qui en reste, unique but de sa visite. Eux, ne lui font grâce ni d'une chapelle, ni d'une dévotion ni d'un miracle. « Enfin, quand tout fut épuisé et qu'il fut question d'aller à la salle des Conciles, ils me dirent qu'il n'en restait rien et que, depuis cinq ou six mois, ils en avaient abattu les restes pour y bâtir leur cuisine. Je fus saisi d'un si violent dépit que j'eus besoin de me faire la dernière violence pour ne les pas frapper de toute ma force. Je leur tournai le dos, en leur reprochant cette espèce de sacrilège en termes fort amers. » Hélas! tout pays a ses Vandales, et ce ne sont pas toujours des moines !

Comme vous le voyez, les pages que Saint-Simon consacre à l'Espagne sont loin d'être les plus pittoresques et les plus colorées des *Mémoires*. Saint-Simon est un homme pour qui existe non pas le monde extérieur, mais seulement l'extérieur humain. Il peint l'homme physique parcequ'à travers le physique il espère voir transparaître le moral. C'est l'âme qui l'intéresse. C'est la comédie humaine et non le décor de cette comédie. J'imagine que, si on lui eût parlé de la couleur locale, telle que l'ont comprise les romantiques, il lui eût semblé que c'est un jeu assez puéril, ou un placage assez grossier, et qu'il se fût remis avec plus de conviction que jamais à peindre des caractères. C'est ce qu'il va faire, en rentrant en France, où il allait assister presque aussitôt à la fin de la Régence et à la mort du Régent. Voyons-le donc, à cette occasion et suivant son habitude, exécuter en pied le portrait du Régent.

* *

Pour être pleinement renseigné sur un homme, il faut connaître ses origines, son hérédité, l'éducation qu'il a reçue, le milieu où il s'est formé, les influences qui se sont exercées sur lui à l'époque où le caractère prend son pli définitif.

Grâce à Saint-Simon, nous connaissons intimement l'entourage du duc d'Orléans. Son père, c'était Monsieur. Saint-Simon a fait, de ce triste frère de Louis XIV, un portrait qui sue le mépris. « C'était un petit homme ventru, monté sur des échasses tant ses souliers étaient hauts, toujours paré comme une femme, plein de bagues, de bracelets, de pierreries partout... plein de toute sorte de parfums.... On l'accusait de mettre imperceptiblement du rouge. » De complexion molle, faible de caractère, défiant et sans foi. Avec cela, homme de goût : il avait fait de Saint-Cloud une résidence délicieuse et il était l'âme des plaisirs de la Cour. Son fils tenait de lui physiquement ; il était comme lui gros et court : ajoutez de mauvais yeux. Il avait quelques-uns

de ses défauts : le manque de volonté. Hâtons-
nous de dire qu'il n'avait pas tous ses vices !

Si indigne que fût ce père, son fils l'aimait et
il le pleura sincèrement. Monsieur était doux,
indulgent, complaisant, lui passait ses erreurs
de conduite et peut-être l'y encourageait. Madame accuse nettement le père d'avoir « dépravé »
le fils : elle se plaint que tous deux « mènent
une vie à Paris, que c'en est honteux ». Elle est,
elle, une parfaitement honnête femme et ce fut
une mère excellente. Elle a des ridicules, et elle
est mal embouchée, mais elle a toute sorte de
vertus. « Madame était la droiture, la vérité,
la franchise même. » Le malheur est qu'elle
donne à ces vertus une forme rebutante. Elle
a « l'humeur dure et farouche ». Elle vit à l'écart,
« passant toute la journée dans un cabinet qu'elle
s'était choisi, où les fenêtres étaient à plus de
dix pieds de terre, à considérer les portraits des
Palatins et d'autres princes allemands, dont elle
l'avait tapissé, et à écrire des volumes de lettres
tous les jours de sa vie ». Aussi, pendant
longtemps son fils n'eut-il pour elle que de l'éloignement. Joignez la sévérité de ce terrible oncle,
Louis XIV, vieilli et chagrin. Joignez la dévotion de Mme de Maintenon. Madame, Louis XIV,
Mme de Maintenon représentaient la vertu aux
yeux du jeune prince, et ne la lui rendaient pas
aimable.

Cependant l'éducation de l'abbé Dubois faisait

peu à peu son œuvre. Parmi les portraits à l'emporte-pièce dont abondent les *Mémoires*, il n'en est pas de plus saisissant que celui de Dubois. « L'abbé Dubois était un petit homme maigre, effilé, chafouin, à perruque blonde, à mine de fouine, à physionomie d'esprit, qui était en plein ce qu'un mauvais Français appelle un *sacre*, mais qui ne se peut guère exprimer autrement. Tous les vices combattaient en lui à qui en demeurerait le maître. Ils y faisaient un bruit et un combat continuel entre eux. L'avarice, la débauche, l'ambition étaient ses dieux ; la perfidie, la flatterie, les servages, ses moyens ; l'impiété parfaite, son repos ; et l'opinion que la probité et l'honnêteté sont des chimères dont on se pare et qui n'ont de réalité dans personne, son principe en conséquence duquel tous moyens lui étaient bons. Il excellait en basses intrigues, il en vivait, et il ne pouvait s'en passer, mais toujours avec un but où toutes ses démarches tendaient, avec une patience qui n'avait de terme que le succès, ou la démonstration réitérée de n'y pouvoir arriver, à moins que, cheminant ainsi dans la profondeur et les ténèbres, il ne vît jour à mieux en ouvrant un autre boyau. Il passait ainsi sa vie dans les sapes. »

Saint-Simon avait beaucoup de raisons de haïr Dubois. Le portrait n'est donc pas flatté, mais il n'est pas mensonger. En tout cas, et c'est ici tout ce qui nous intéresse, il est certain que

Dubois eut sur son élève une influence déplorable. A-t-il perverti ses mœurs, pour s'en faire bien venir? Il est certain qu'il a perverti son esprit. « Il le flatta du côté de l'esprit dont il le persuada qu'il en avait trop et trop bon pour être la dupe de la religion, qui n'était à son avis qu'une invention de politique et de tous les temps, pour faire preuve aux esprits ordinaires et retenir les peuples dans la soumission. Il l'infatua encore de son principe favori que la probité dans les hommes et la vertu dans les femmes ne sont que des chimères sans réalité dans personne.... » Telle était la doctrine de cet ecclésiastique.

Une femme jeune, adroite, aimable, aurait-elle pu réparer un peu de tout ce mal? Mlle de Blois. qu'il épousa quand il avait dix-huit ans, n'aimait pas son mari, et ne chercha pas à s'en faire aimer. Dénuée de toute séduction, elle n'était ni bossue ni contrefaite, mais cela y ressemblait furieusement. Le trait dominant de son caractère, c'était l'orgueil. Son mari l'appelait Madame Lucifer. Saint-Simon a, pour nous donner une idée de cet orgueil, une de ces trouvailles d'expression qui ne sont qu'à lui. C'est d'elle qu'il a dit : « Impitoyable... sur le rang qu'elle avait épousé... (elle était) petite-fille de France jusque sur sa chaise percée. » Saint-Simon attribue au dépit de ce mariage indigne la chute profonde que fit le duc d'Orléans dans les mauvaises mœurs. Disons enfin que le prince a respiré cette atmosphère de la fin du XVIIe siècle où, sous une surface d'austérité, s'accumulait un flot de corruption.

Voilà le milieu.

Voici l'homme. Admirablement doué. Une intelligence vive qui s'assimilait rapidement les choses, aidée d'une mémoire qui ne les oubliait plus. Une capacité militaire qui contraste avec l'incapacité des autres princes, et, par exemple, du duc de Bourgogne. Non seulement de la bravoure, mais des talents de capitaine. Il se distingua au siège de Lérida. Son idéal, c'était Henri IV, auquel il se proposa de ressembler par les beaux côtés et par les autres. Des qualités d'homme de gouvernement : l'art, non pas d'emporter l'obstacle de haute lutte, mais de tourner la difficulté, d'user la résistance, de diviser pour régner. Aucun goût pour l'exercice de ce gouvernement, aucun amour du métier, rien de ce que possédait si souverainement Louis XIV. En revanche, beaucoup de talents moins nécessaires à la pratique du pouvoir qu'à l'embellissement de la vie. Une haute culture ; assez initié à la philosophie pour pouvoir discuter avec Leibniz ; connaisseur en beaux-arts et même artiste, collectionneur et lui-même peintre ; fou de la musique qui commençait de faire tourner les têtes. « Rien n'est tant à la mode présentement que la musique, écrit Madame. Je dis souvent à mon fils qu'il en deviendra fou, quand je l'entends parler sans cesse de *bémol, bécar, béfa, bémi* et autres choses de ce genre auxquelles je n'entends rien ; mais M. le Dauphin, mon fils et la princesse de Conti en parlent durant des heures entières. » L'invasion de la musique commençait et aussi celle de la science. Le duc d Orléans avait au Palais-Royal un laboratoire très bien installé sous la direction d'un savant étranger, nommé Homberg.... L'ouverture d'esprit, la curiosité intellectuelle, tous les talents, tous les dons, toutes les séductions d'un prince dilettante.

Avec cela des mœurs effroyables. La débauche, l'orgie. Chaque soir, par un rite invariable, ces soupers qui réunissent au Palais-Royal, portes closes et gardées par deux laquais herculéens, des roués, des filles et la duchesse de Berry. On s'enivre à rouler sous la table, on « dit des ordures à gorge déployée et des impiétés à qui mieux mieux ». Car, autant que débauché, le Régent est impie. Et l'impiété le mène à la superstition. Il ne croit pas en Dieu, mais il donnerait tout au monde pour voir le diable. La chimie, à cette époque, voisine avec l'alchimie, et on met au nombre des sciences les sciences occultes. Saint-Simon conte tout au long une séance qui eut lieu chez Mme d'Argenton et où on lut l'avenir dans un verre d'eau : on y vit, comme je vous vois, la mort du duc de Bourgogne et la régence du duc d'Orléans. On se croirait déjà au temps de Cagliostro et du baquet de Mesmer.

Comment expliquer, chez un même homme, ce mélange de haute distinction d'esprit, de grossièreté dans les mœurs et de superstition? Saint-Simon l'a fait d'un mot : « Il était né ennuyé ». L'ennui, c'est la plaie secrète qui le ronge et dont toutes choses procèdent chez lui, les meilleures et les pires. De là cette noble curiosité, ce désir d'explorer tout le champ des connaissances humaines : et de là cette autre curiosité qui poursuit dans le plaisir l'espoir sans cesse déçu d'une sensation inconnue. De là cette inconstance, qui cherche dans le changement un remède à la lassitude, — « dès qu'il savait une chose (ou qu'il la possédait) elle ne lui faisait plus de plaisir », — et ce dégoût de soi-même, et cette tristesse, et cette amertume que jadis le poète Lucrèce vit se lever du sein des voluptés.

Une grande intelligence, un caractère faible, l'habitude du vice, l'ennui, est-ce tout? Il manque encore un trait essentiel, — peut-être le plus original, le plus nouveau et le plus important. Et celui qui l'a découvert avec une sûreté de diagnostic et signalé avec un bonheur d'expression dont Saint-Simon resta étonné, c'est Louis XIV. Saint-Simon nous rapporte une conversation qu'eut avec le roi son chirurgien, Maréchal, un des plus honnêtes et savants hommes de cette cour. Maréchal, qui empêcha Louis XIV de croire que son neveu fût un empoisonneur, se mit à le louer devant le roi « sur son esprit, sur ses diverses sciences, sur les arts qu'il possédait, et à dire plaisamment que, s'il était un homme à avoir besoin de gagner sa vie, il aurait cinq ou six moyens de la gagner grassement. Le roi le laissa causer un peu, puis, après avoir souri de cette idée par laquelle Maréchal avait comme terminé son discours, il reprit un air sérieux, regarda Maréchal : « Savez-vous, « lui dit-il, ce qu'est mon neveu? Il a tout ce « que vous venez de dire : c'est un fanfaron de « crimes ». A ce récit de Maréchal, je fus dans le dernier étonnement d'un si grand coup de pinceau : c'était peindre, en effet, M. le duc d'Orléans d'un seul trait et dans la ressemblance la plus juste et la plus parfaite. Il faut que j'avoue que je n'aurais jamais cru le roi un si grand maître. »

La fanfaronnade, voilà ce que le bon sens de Louis XIV avait su démêler dans la psychologie complexe de son neveu. Le Régent est le vicieux qui fait parade de ses vices. C'est le débauché que la débauche n'amuse pas, mais qui s'y applique, par vanité de passer pour l'homme le plus débauché de son temps. Il enviait le grand prieur de Vendôme qui, depuis quarante ans, ne s'était pas couché une seule fois sans être ivre-mort. Il est impie par mauvaise gloire. Il emporte un Rabelais à la messe de Noël et il veut qu'on le sache. Il prend une joie maligne à scandaliser. Et c'est ici qu'on

retrouve l'élève de Dubois. Ni le goût du plaisir,
ni l'incrédulité n'étaient choses nouvelles en
France et ailleurs. Mais cette forme cérébrale de
la débauche, ce libertinage à froid, cette gloriole
à se vanter de ce dont on devrait rougir, cette
perversion de la vanité, voilà ce qui est nouveau et qui arrive bien à sa date au début du
xviiie siècle....

Vous voyez maintenant quel est le véritable
profit qu'a tiré Saint-Simon de son intimité avec
le Régent : elle nous a valu ce portrait, chef-
d'œuvre d'une analyse pénétrante subtile, im-
placable, qui va chercher, jusque dans les replis
les plus cachés, le secret d'une âme.

On dit « le siècle de Louis XIV », et aussi
« l'époque du Régent ». Un homme influe sur
son temps, comme son temps influe sur lui. Le
Régent personnifie l'état moral d'une partie de la
société française, au début du xviiie siècle, et
pareillement les mœurs de la Régence vont
être à l'image de celles que nous venons de voir
chez le Régent.

De l'esprit, de l'élégance, du brillant et, sous
ces gracieux dehors, un ennui morne qui essaie
de tous les remèdes. L'appétit de jouissance qui
fait explosion avec cette fièvre de l'agio et ces
fortunes soudaines qu'a improvisées la banque

de Law. La folie de plaisir qui, grâce à cette invention nouvelle des bals de l'Opéra, mêle toutes les classes de la société dans une sarabande effrénée. Les idées de devoir et de famille tournées en dérision. Un abaissement de la morale publique, menant à la débâcle d'une société. Et à la base, l'irréligion.

—

LA COMÉDIE HUMAINE DANS LES *MÉMOIRES*

VII. — LA COMÉDIE HUMAINE
DANS LES *MÉMOIRES*

Nous avons étudié en Saint-Simon le peintre d'histoire : il nous reste à voir en lui le peintre de mœurs.

L'histoire n'enregistre que les grands événements : les changements de règne ou de régime, les conquêtes des armes ou de la diplomatie, les mesures d'ordre général. On ridiculise aujourd'hui cette histoire officielle sous le nom de l'histoire-batailles, et, ne la trouvant pas assez scientifique, on la supprime. On a bien tort. Ces grands événements sont des résultantes où se résume à chaque moment la vie complexe et mouvante des peuples ; et ils sont des points de repère, des îlots de lumière qui nous permettent de nous retrouver et de nous diriger dans les sombres avenues du passé. Nos enfants, à qui on refuse de les enseigner, n'ont plus sous les yeux qu'un fouillis amorphe, indistinct et obscur. Commençons donc par savoir la grande histoire.

Après cela, nous pourrons convenir que l'autre, la petite histoire, nous touche de plus près, est plus à notre taille et à notre usage, nous charme ou nous émeut par un incomparable attrait d'intimité. Elle relate les menus faits de la vie quotidienne ; elle suit le juge sur son siège, le prêtre à l'autel, l'homme dans sa famille ; elle retrace les coutumes et les modes. Nous reconnaissons les soucis et les plaisirs, les occupations et les divertissements, qui sont encore les nôtres. Il est curieux, non sans mélancolie, de constater que les nouveautés dont nous nous étonnons sont vieilles comme le monde, que d'autres avant nous ont souffert des mêmes chagrins dont nous nous croyons les premières victimes, et que d'autres ont commis les mêmes erreurs dont nos descendants, de l'un à l'autre, se repasseront la tradition. Ainsi tout se recommence. On change un peu le décor, on rafraîchit un peu les costumes ; mais c'est la même pièce, puisque ce sont les mêmes passions.

Cette histoire des mœurs, La Bruyère l'a écrite dans les *Caractères*, et Balzac dans la *Comédie humaine*. C'est celle que nous allons demander aujourd'hui aux *Mémoires* de Saint-Simon.

Quand nous évoquons par l'imagination une société disparue, ce que nous voyons d'abord réapparaître, c'est la tonalité générale de l'époque : pour le XVIᵉ siècle, l'âpre coloris d'une ère de violence ; pour le XVIIIᵉ, les couleurs aimables d'un temps qui connut la douceur de vivre. Puis, dans cet ensemble, nous distinguons des groupes : classes sociales, conditions, professions, grands seigneurs, gens d'Église, gens de robe, gens de plume ou d'épée. Puis, de ces groupes, peu à peu se dégagent les individus qui les composent, dont chacun est le produit de son milieu et pourtant a sa physionomie propre. Chacun de nous est l'homme de son temps, l'homme de sa condition, l'homme de son caractère. Ainsi procède l'analyse pour explorer la partie du domaine qui peut être connue : le reste est mystère.

*
* *

A distance, la société du temps de Louis XIV nous apparaît régulière, disciplinée, ordonnée, polie et policée. A y regarder de près, c'est un peu différent.

On a dit qu'un bon moyen pour apprécier une société, c'est de la juger sur la qualité des plaisanteries qui l'amusent. Les plaisanteries dont on s'amuse à la cour de Louis XIV ne sont pas toujours des plus délicates. Nous avons déjà vu les plaisanteries qu'on faisait à Mme Panache, et ces boulettes de mie de pain qu'on lui lançait, et ces sauces dont on lui emplissait les poches. Voyons ce qui amusait Louis XIV. Mme de Thianges et Mademoiselle α étaient fort propres pour leur manger. Le roi prenait plaisir à leur faire mettre des cheveux dans du beurre et dans des tourtes et à leur faire d'autres vilenies pareilles. Elles se mettaient à crier, à vomir et lui à rire de tout son cœur. » Et voyons ce qui amusait le duc de Bourgogne, l'incomparable Dauphin, et la duchesse de Bourgogne, l'exquise princesse. Ils avaient pris pour cible la princesse d'Harcourt, dont Saint-Simon, qui n'aime pas les Lorrains, nous trace ce portrait : « C'était alors une grande et grosse créature, fort allante, couleur de soupe au lait, avec de grosses et vilaines lippes et des cheveux de filasse toujours sortants et traînants comme tout son habillement. Sale, malpropre.... C'était une furie blonde, et de plus une harpie. » Avec une furie qui de plus est une harpie, et qu'elle soit d'ailleurs brune ou blonde, on peut se permettre quelques espiègleries. Donc une fois le duc de Bourgogne lui accommoda un pétard sous son siège dans le salon où elle jouait au piquet. « Comme il y allait mettre le feu, quelque âme charitable l'avisa que ce pétard l'estropierait et l'empêcha. » Une autre fois, en hiver, à Marly, on attendit qu'elle fût couchée. La duchesse de Bourgogne et sa suite envahissent soudain sa chambre et la bombardent de boules de neige. « Cette sale créature au lit, éveillée en sursaut, froissée et noyée de neige sur les oreilles et partout, échevelée, criant à pleine tête et remuant comme une anguille, sans savoir où se fourrer, fut un spectacle qui les divertit plus d'une demi-heure, en sorte que la nymphe nageait dans son lit, d'où l'eau, découlant de partout, noyait toute la chambre. Il y avait de quoi la faire crever. Le lendemain, elle bouda.... » On aurait boudé à moins.

Ces plaisanteries et d'autres du même acabit nous semblent des plaisanteries détestables. Elles ne le semblent pas à Saint-Simon. Il n'a pas un mot pour les désapprouver. En les racontant, il s'en amuse : il estime qu'elles n'excèdent pas la mesure permise entre gens bien élevés.

Concluons-en que l'éducation de cette société laisse encore à désirer. C'est une société dont l'éducation n'est pas achevée. Ce point a été très bien élucidé dans un livre qui porte ce titre : *La Comédie humaine dans Saint-Simon*. L'auteur, un des plus brillants professeurs de l'Université, M. André Lebreton, montre que cette société est, non pas vieillie et usée, mais débordante de santé et d'une vigueur de tempérament qui ne raffine pas. On est bien portant, on est entraîné à tous les sports, on vit à cheval, on chasse à courre ; c'est le lendemain de la guerre civile, et quant à la guerre étrangère elle se continue, entrecoupée de rares intervalles de paix qui ne sont que des répits : on conserve dans le langage et dans les manières un peu de la rudesse des camps.

Les femmes ne s'en choquent pas et se mettent

au ton. Les plus distinguées emploient couramment des termes dont la verdeur aurait un joli succès dans les salons d'aujourd'hui. Pour peu qu'une discussion s'élève, on commence par les gros mots : la princesse de Conti traite la duchesse de Chartres de « sac à vin » et la duchesse de Chartres traite la princesse de Conti de « sac à guenilles. » On continue par les voies de fait : il n'est pas rare que les scènes de ménage s'achèvent par des luttes à main plate et à coups de pied. La princesse d'Harcourt, déjà nommée, bat ses gens, jusqu'au jour où une femme de chambre s'enferme avec elle et la laisse à moitié assommée sur le carreau.

Un des vices les plus répandus est l'ivrognerie je dis : répandus parmi les femmes. « Mme la duchesse de Bourgogne fit un souper à Saint-Cloud avec Mme la duchesse de Berry.... Mme la duchesse de Berry et M. le duc d'Orléans, mais elle bien plus que lui, s'y enivrèrent au point que Mme la duchesse de Bourgogne, Mme la duchesse d'Orléans, et tout ce qui était là ne surent que devenir.... L'effet du vin, haut et bas, fut tel qu'on en fut en peine et ne la désenivra point, tellement qu'il la fallut ramener en cet état à Versailles. Tous les gens des équipages la virent et ne s'en turent pas.... » Les femmes boivent et elles fument ; entendez qu'elles fument la pipe. A Marly, Monseigneur, qui est resté tard à jouer, passe devant l'appartement de Mme la duchesse de Chartres et de Mme la duchesse. Il « les trouva qui fumaient avec des pipes qu'elles avaient envoyé chercher au corps de garde suisse. Monseigneur, qui en vit les suites, si cette odeur gagnait, leur fit quitter cet exercice. Mais la fumée les avait trahies. Le roi leur fit le lendemain une rude correction. » Quant au jeu, tout le monde joue, et joue gros jeu, par besoin d'émotions violentes ; on joue et on triche ; on triche jusqu'à la table du roi ; et comme tout le monde triche, cela rétablit les chances.

*
* *

Les conditions même de la vie sont rudes. Je ne parle pas seulement du manque de confort, mais du manque de sécurité. Les routes sont infestées de brigands, qui ne sont pas des brigands d'opéra-comique et qui arrêtent parfaitement les carrosses entre Paris et Versailles, ou Fontainebleau. En 1707, un parti ennemi, une quinzaine d'Impériaux, conduits par un ancien violon du prince de Bavière, Guetem, se risque jusqu'aux portes de Paris ; ils se tiennent cachés dans les bois, s'invitent à Versailles au souper du roi ; puis, un soir, tandis que le grand écuyer Beringhem s'en revient à Paris dans son carrosse, ils l'enlèvent et s'acheminent avec leur prise vers la frontière. On les rattrapa, et ce fut tout à leur honneur : c'étaient des ennemis généreux qui avaient permis à leur prisonnier de se reposer. Guetem fut amené au roi qui le félicita de sa hardiesse et de sa courtoisie : pendant quelques jours, il fut la coqueluche de Paris.

Heureux temps pour les voleurs ! On volait jusque chez le roi, et avec une audace, une insolence inouïes. La grande galerie était meublée de velours cramoisi avec des crépines et des franges d'or. Un beau matin, les franges se trouvèrent toutes coupées. Quelques jours plus tard, Saint-Simon était au souper du roi. « Vers l'entremets, j'aperçus je ne sais quoi de fort gros et comme noir, en l'air sur la table, que je n'eus le temps de discerner ni de montrer par la rapidité dont ce gros tomba sur le bout de la table.... Le bruit que cela fit en tombant et la pesanteur de la chose pensa l'enfoncer et fit bondir les plats.... Le roi, au coup que cela fit, tourna la tête à demi, et, sans s'émouvoir en aucune sorte : « Je pense, dit-il, que ce sont mes franges ». Comment dans un endroit si plein de monde avait-on pu lancer un si lourd paquet ? Et combien cela suppose de complicités ! Quoi qu'en pense Saint-Simon, Louis XIV n'eut pas tort d'augmenter considérablement les attributions et le personnel du lieutenant de police.

Dans ce milieu, encore si favorable aux prouesses et aux fantaisies de l'individualisme, les types d'aventuriers ne sont pas rares. Vaudray « chanoine de Besançon... prit un mousquet, devint capitaine de grenadiers et reçut trente-deux blessures dont plusieurs presque mortelles, à l'attaque de la contrescarpe de Coni, sans vouloir quitter prise, et y fut laissé pour mort. Cette action le fit connaître. » Elle le fit connaître avantageusement.

Mais l'exemple le plus curieux, le spécimen le plus achevé d'heureux forban, c'est celui de l'abbé de Vatteville. Sa vie, telle que Saint-Simon la raconte, est un extraordinaire roman d'aventures. Il s'était fait chartreux, sa nature excessive étant allée tout droit à l'observance la plus rigoureuse. Il paraît qu'il avait beaucoup d'esprit, mais d'un genre qui ne s'accommodait pas avec la vie monastique. Il songea donc à s'en affranchir, tant et si bien qu'un beau jour le prieur le trouva « en habit séculier, sur une échelle », dans le dessein évident de sauter par-dessus le mur. Voilà le prieur à crier. Et voilà l'autre à le tuer d'un coup de pistolet. Le fugitif gagne la campagne, s'arrête dans un méchant cabaret, se fait apprêter à dîner d'un gigot à la broche, lorsque survient un voyageur qui lui demande fort civilement de partager avec lui. Notre défroqué, trouvant qu'il y en avait pour un, non pour deux, tue son homme d'un coup de pistolet, dîne de bon appétit, paye, remonte à cheval, et tire pays. Ne sachant que devenir, il s'en va en Turquie, est fait bacha et guerroie contre les Vénitiens. Là il trouve moyen de faire parler au généralissime, promet de lui livrer plusieurs places et des secrets des Turcs, moyennant qu'on lui rapportera l'absolution du pape de tous ses méfaits et pleine réintégration dans l'ordre de prêtrise. Tout le monde y trouvait son compte, sauf le Grand Turc ; mais Vatteville se moquait de lui et de quelques autres. C'est ainsi qu'il put revenir en Franche-Comté, où il manqua l'archevêché de Besançon, mais où il eut l'abbaye de Baume et y vécut paisiblement, sauf quelques séjours « à Paris et à la Cour, où il était toujours reçu avec distinction. » Je ne me souviens plus si Stendhal a eu connaissance des aventures de Vatteville. Quelle belle occasion de s'extasier et de prononcer : « il y a de l'énergie ! »

Il y avait de l'énergie. On menait la vie intense. Après quoi, on savait mourir. Non seulement on mourait avec courage, avec piété, avec sérénité, mais un usage d'une incomparable noblesse morale voulait qu'on mît « un intervalle entre la vie et la mort ». On quittait son emploi, on se défaisait de ses charges, on renonçait à toutes les affaires, sauf une, qui suffisait à vous occuper, et c'était cette grande affaire de la mort.

Laissons de côté les « conversions » fameuses,

celles de Pascal, de Rancé, de Racine. Ceux-là sont de trop grands esprits, qui ne prouvent pas pour la masse. Mais ce n'était pas un grand esprit que Du Charmel, gentilhomme de Champagne. « Tout lui riait : l'âge, la santé, le bien, la fortune, la cour, les amis, même les dames, et des plus importantes, qui l'avaient trouvé à leur gré. Dieu le toucha par la lecture d'Abbadie : *De la vérité de la religion chrétienne* ; il ne balança ni ne disputa, et se retira dans une maison joignant l'institution de l'Oratoire. Le roi eut peine à le laisser aller : « Quoi, lui dit-il, Charmel, vous ne me verrez jamais ? » Mot magnifique d'orgueil naïf ! Du Charmel renonça à voir le roi, pour contempler Dieu de plus près... C'était un seigneur à la douzaine que M. de Saint-Louis, brigadier de cavalerie, qui se retira à la Trappe. Un jour, c'est Le Peletier, ministre d'État, qui se démet de sa charge, rend ses pensions au roi, se retire à Villeneuve, où il ne voit plus que « sa plus étroite famille et quelques gens de bien ». Un autre jour, c'est Pontchartrain qui rapporte au roi la cassette où il gardait les sceaux, et, la lui ayant rendue, sort de là « l'âme plus à l'aise » pour aller finir sa vie dans une chambre de l'Oratoire. C'était la coutume. On avait trop le respect de la mort pour se laisser surprendre par elle, et ne pas tout préparer pour la bien recevoir. On pensait qu'il ne convient pas de passer sans transition de la vanité des affaires et de la dissipa-

tion des plaisirs au calme de l'éternité. Telles
étaient ces âmes, auxquelles on peut passer un
peu de rudesse, qu'elles savaient si bien racheter.
L'époque de Louis XIV est une de celles où la
plante humaine, en France, a poussé avec plus de
vigueur et le plus droit.

*
* *

Parcourons maintenant quelques groupes
sociaux, et d'abord la Cour.

La Bruyère a défini l'atmosphère du lieu,
quand il a dit : « L'on se couche à la Cour et
l'on se lève sur l'intérêt.... » La Cour est essen-
tiellement un endroit où l'on fait sa cour. On fait
sa cour au roi. On la fait d'abord par l'assiduité,
par la présence réelle et continue, par le soin qu'on
met à voir sans cesse le maître et à en être vu.
L'abbé de Mailly, nommé à l'archevêché d'Arles,
proteste au roi qu'il ne peut renoncer au bonheur
de le voir, et lui demande la permission de faire
chaque année un voyage à Versailles, et à Versailles uniquement. « En effet, il n'y manqua
point et ne s'arrêtait point à Paris. Il débarquait
chez moi ; je le couchais dans un trou d'entresol
qui me servait de cabinet, et le roi lui savait le
meilleur gré du monde d'une conduite qui lui
marquait un attachement dont il était jaloux.... »
Mais ici, le plus bel exemple, le classique du genre,
c'est La Rochefoucauld, le fils de l'auteur des

Maximes : « Jamais valet ne le fut de personne avec tant d'assiduité et de bassesse, il faut lâcher le mot, avec tant d'esclavage. Le lever et le coucher, les deux autres changements d'habits tous les jours, les chasses et les promenades du roi de tous les jours, il n'en manquait jamais, quelquefois dix ans de suite sans découcher d'où était le roi, et sur le pied de demander congé, non pas pour découcher, car en plus de quarante ans il n'a jamais couché vingt fois à Paris, mais pour aller dîner hors de la Cour et ne pas être de la promenade : jamais malade et sur la fin rarement et courtement de la goutte. » N'est-ce pas le plus beau trait de courtisanerie : s'empêcher d'être malade pour ne pas manquer la promenade du roi?

On fait sa cour au roi en affichant des idées et des sentiments conformes à ceux du roi et qui changent avec son âge et son humeur. Quand le roi était jeune et galant, Molière, pour faire sa cour, écrivait *Amphitryon* où il est dit que

> *le partage avec Jupiter*
> *N'a rien du tout qui déshonore.*

Sous un roi vieilli et dévot, le courtisan est dévot. Il y a une dévotion de cour qui consiste à fréquenter les offices aux jours et aux heures où le roi y vient et à n'y pas venir quand le roi n'y vient pas. Saint-Simon conte à ce sujet une bien jolie anecdote : « Brissac (major des gardes), peu d'années avant sa retraite, fit un étrange tour aux dames. C'était un homme droit, qui ne pouvait souffrir le faux. Il voyait avec impatience toutes les tribunes bordées de dames, l'hiver, au salut, les jeudis et les dimanches, où le roi ne manquait guère d'assister, et presque aucune ne s'y trouvait, quand on savait de bonne heure qu'il n'y viendrait pas ; et, sous prétexte de lire dans leurs Heures, elles avaient toutes de petites bougies devant elles pour les faire connaître et remarquer. Un soir que le roi devait aller au salut, et qu'on faisait à la chapelle la prière de tous les soirs, qui était suivie du salut quand il y en avait, tous les gardes postés et toutes les dames placées, arrive le major vers la fin de la prière, qui, paraissant à la tribune du roi, lève son bâton et crie tout haut : « Gardes « du roi, retirez-vous, rentrez dans vos salles, « le roi ne viendra pas ». Aussitôt les gardes obéissent ; murmures tout bas entre les femmes : les petites bougies s'éteignent et les voilà toutes parties. Là-dessus arrive le roi qui, bien étonné de ne pas voir de dames remplir les tribunes, demanda par quelle aventure il n'y avait personne. Au sortir du salut, Brissac lui conta ce qu'il avait fait, non sans s'espacer sur la piété des dames de la cour. Le roi en rit beaucoup et tout ce qui l'accompagnait. L'histoire s'en répandit incontinent après : toutes les femmes auraient voulu l'étrangler. » Telle est cette dévotion, celle même dont La Bruyère a dit : « Un dévot est celui qui, sous un roi athée, serait athée ». C'est un masque qu'on s'applique sur le visage, mais on risque d'être démasqué.

Faire sa cour est un art qui exige non pas seulement de la santé et de l'attention, mais de l'étude, du tact, de la finesse, du doigté. Flatter ne suffit pas, il y faut la manière. L'abbé de Polignac, avec tout son esprit, ne l'avait pas. « Il suivait le roi dans ses jardins de Marly ; la pluie vint : le roi lui fit une honnèteté sur son habit peu propre à la parer : « Ce n'est rien, sire, répon- « dit-il, la pluie de Marly ne mouille point. » L'encens est une odeur agréable, mais fade : quand il n'enivre pas, il écœure. D'Antin, qui reçut Mme de Maintenon dans sa propriété de Petit-Bourg, en fit tant qu'elle ne put s'empêcher de lui dire « et devant le monde, qu'elle se trouvait bien heureuse de n'avoir pas déplu au roi le soir, chez lui, parce qu'elle était très assurée, par tout ce qu'il venait de faire, qu'en ce cas-là il l'eût envoyée coucher sur le pavé du grand chemin ». Car on fait sa cour à Mme de Mainte- non, comme on la fait au roi. On la fait aussi à Mlle Choin, et à la chienne de Mlle Choin, à qui le maréchal d'Huxelles envoie, chaque matin, de l'autre bout de Paris, des têtes de lapins. On la fait à la duchesse de Berry, et celle-ci étant accouchée à sept mois, il se trouva que tout le monde était né ou avait eu des enfants à sept mois. On fait la cour à Bontemps, à la vieille Nanon, à l'apothicaire du roi et au bâtard de son apothicaire.

Prend-on le chemin d'être bien en cour? c'est une ruée vers le « soleil levant ». Mais un vent de disgrâce vient-il à souffler? c'est la solitude et l'herbe croît au seuil de votre porte. Oh ! la disgrâce ! mal terrible, spécial à la Cour, et dont on meurt ! Racine en est mort, et Vauban « consumé de douleur », et tant d'autres. C'est une mort lente et sûre. Ç'a été celle du prince de Conti : quand la faveur du roi lui revint, il était trop tard, il ne put « être ramené à la vie ». Et celle de Boufflers qui avait rendu tant de services, qui peut-être avait rendu trop de services : « Un ver rongeur le mina peu à peu.... Il ne fit plus que languir depuis et ne passa pas deux ans ». Cette horreur de la disgrâce à laquelle succombent les courtisans, a un pendant : c'est l'horrible abandon où tombent les grands quand ils n'ont plus de faveurs à distribuer. Relisez les récits que Saint-Simon nous a laissés de la mort des grands personnages, de Monseigneur et du Roi lui-même : comme le vide se fait autour du mourant ! Auprès du corps, c'est tout juste s'il reste pour le veiller quelques moines et quelques « valets intérieurs. » Mais quoi ! un mort ne peut plus rien....

Telles sont les mœurs autour du pouvoir,

dans une monarchie. Nul ne croira qu'elles soient très différentes dans une République.

*
* *

Après la Cour, le Parlement. Pour Saint-Simon, c'est l'ennemi personnel. Quatre premiers présidents s'étant succédé à la tête de notre grande assemblée pendant la période qu'embrassent les *Mémoires*, il trouve le moyen de les diffamer tous les quatre. A Lamoignon il reproche son rôle dans l'affaire Fargues, et de s'être engraissé du « sang de l'innocent ». Potier de Novion lui succéda : il falsifiait les arrêts et prononçait autrement qu'il n'avait été opiné à l'audience; ce pour quoi le roi le chassa, et il mourut dans l'ignominie. Harlay se serait approprié un dépôt qui lui aurait été confié. De Mesmes aurait été un tel débauché, que « son père ne lui épargnait pas les coups de bâton et lui jetait quelquefois les assiettes à la tête, ayant bonne compagnie à sa table, qui se mettait entre deux ». Quatre coquins!

C'est le duc et pair qui parle. Mais même alors, l'observateur ne perd pas ses droits : il note, chez deux hommes de même profession, le trait qui distingue chacun d'eux et le caractérise. Chez Lamoignon, le magistrat homme du monde, de grande élégance et de haut style, le trait original, c'est ce goût pour les lettres, ce soin de s'entourer d'écrivains et d'artistes, cette « attention singulière à capter les savants de son temps, à les assembler chez lui à certains jours, » cette réputation qui lui est restée d'être un Mécène. La marque, chez Achille de Harlay, c'est l'austérité : une mise sévère, un « rabat presque d'ecclésiastique, » un grand savoir, mais qui ne sacrifie pas aux grâces, une parole sentencieuse, une prononciation lente et rude qui martèle la phrase, avec une sorte d'humour grave, et des mots d'esprit qui sont des coups de boutoir. C'est le magistrat de la vieille roche. En regard, le magistrat de la nouvelle école, et même du nouveau jeu : le président de Mesmes affecte de ne pas fréquenter les gens de robe, porte l'habit et la cravate, est des fêtes de Sceaux, joue la comédie ; c'est le magistrat « petit maître » pour salons du xviiie siècle, annonçant l'ère des Montesquieu, des présidents Hénault et des présidents de Brosses.

Après cela, Saint-Simon a-t-il été injuste pour le Parlement? Cela ne fait pas de doute. Mais il n'avait pas tort de voir dans l'opposition des Parlements un danger pour le maintien de l'ordre de choses qu'il affectionnait : nous savons qu'elle devait fortement contribuer à préparer la Révolution.

*
* *

Sévère pour les gens de robe, Saint-Simon l'est à peine moins pour les gens d'église.

Il s'incline devant la grande figure d'un Bossuet ; il s'arrête, curieux mais respectueux, devant la figure d'un Fénelon si attirante en sa diversité. Mais parmi ces évêques, à qui est confiée la garde de l'évangile, combien peu de pasteurs évangéliques ! Pour un cardinal de Noailles, archevêque de Paris, qui apporte dans ces hautes fonctions son « innocence baptismale », pour un Coislin, évêque d'Orléans, un Nesmond, évêque de Bayeux, qui sont des saints, combien de prêtres ambitieux, mondains ou dissolus ! Cet autre archevêque de Paris, Harlay, que Saint-Simon nous montre avec sa bonne amie, la duchesse de Lesdiguières, « à Conflans, dont il avait fait un jardin délicieux et qu'il tenait si propre qu'à mesure qu'ils s'y promenaient tous deux, des jardiniers les suivaient à distance pour effacer leurs pas avec des râteaux », et cet évêque de Troyes, grand joueur et favori des dames : « elles ne l'appelaient que le Troyen, et chien d'évêque et chien de Troyen, quand il leur gagnait leur argent ». Il est vrai que le premier finit dans la disgrâce et le second dans la pénitence.

Par malheur, — je dis : par malheur pour lui, — Saint-Simon a méconnu une des sources les plus pures où s'est retrempé le catholicisme au xviie siècle : l'admirable Saint-Sulpice de M. Olier et les missions fondées par celui qu'on appelait alors « Monsieur Vincent ». Il n'a pas assez de brocarts contre les « barbes sales de Saint-

Sulpice. » Non qu'il nie les vertus de ces humbles
prêtres qui eurent justement pour raison d'être
de rappeler l'éminente dignité des humbles dans
l'Église. Mais ils sont ignorants et entêtés, et
surtout ce sont « gens de bas lieu, pauvres, cras-
seux et huileux à merveille ». Qu'on en fasse des
curés de campagne, passe encore, mais des
évêques ! Ce fut le tort de Godet des Marais,
évêque de Chartres, directeur de conscience de
Mme de Maintenon. Saint prêtre, mais d'une naissance vile et obscure et, qui pis est, formé à
Saint-Sulpice ! Quel bien en attendre ? Il a con-
tribué à la ruine de l'Église.

Autant que les Sulpiciens et pour des raisons
justement opposées, Saint-Simon déteste les
Jésuites. Il avait été formé par eux ; mais on
sait qu'ils n'ont pas eu toujours à se louer de leurs
anciens élèves. Il avait été lié avec eux ; mais
de plus en plus, il s'était rapproché des jansénistes, et au moment où il rédige les *Mémoires,*
on peut dire qu'il est tout janséniste. Il reproche
aux jésuites leur esprit de domination et leur
ultramontanisme. Leur rêve est d'établir l'Inquisition ; or, dit Saint-Simon, « je tiens l'Inquisition
abominable devant Dieu et devant les hommes. »
Rêve en partie réalisé par la « Constitution »
qui a suivi la bulle *Unigenitus,* et qui a établi
une Inquisition de fait. Saint-Simon a tracé
un portrait terrible du P. Tellier, confesseur
du roi, entièrement dévoué à sa Compagnie,

et dont il dit : « Il eût fait peur au coin d'un bois ».

En revanche, le jansénisme est à ses yeux « ce que les derniers siècles ont produit de plus saint, de plus pur, de plus savant ». Il n'en parle qu'avec émotion, déplorant l'aveuglement du roi, qui peut-être soupçonna l'injustice des mesures que de mauvais conseillers lui inspirèrent contre de grands chrétiens et de pieuses filles. Maréchal, son chirurgien, lui ayant demandé la permission d'aller à Port-Royal-des-Champs pour une opération, il l'accorda à condition que Maréchal lui rapporterait fidèlement au retour ce qu'il aurait vu. Et Maréchal ayant témoigné hautement pour les religieuses, le roi soupira comme un homme qui se sent à la fois coupable et impuissant à réagir. Mais la prévention qu'on lui avait inculquée contre les jansénistes était trop forte. Sollicité pour un gentilhomme qui brûlait d'être invité à Marly : « Ne dit-on pas qu'il est janséniste ? — Lui ! Il ne croit pas en Dieu. — Alors, fit le roi, vous pouvez le mener. »

Une des pages les plus fortes qu'il y ait dans les *Mémoires*, superbe d'indignation contenue, est celle où Saint-Simon raconte la destruction de Port-Royal-des-Champs, en octobre 1709. Pendant la nuit du 28 au 29, le monastère avait été investi par des régiments de gardes françaises. D'Argenson arriva dans la matinée du 29. « Il se fit ouvrir les portes, fit assembler toute la communauté au chapitre, montra une lettre de cachet, et, sans lui donner plus d'un quart d'heure, l'enleva tout entière. Il avait amené force carrosses attelés, avec une femme d'âge dans chacun ; il y distribua les religieuses suivant les lieux de leur destination qui étaient différents monastères, à dix, à vingt, à trente, à quarante et jusqu'à cinquante lieues du leur, et les fit partir de la sorte, chaque carrosse accompagné de quelques archers à cheval, comme on enlève des créatures publiques d'un mauvais lieu.... Il fut enjoint aux familles qui avaient des parents enterrés à Port-Royal-des-Champs de les faire exhumer et porter ailleurs ; et on jeta dans le cimetière d'une paroisse voisine tous les autres, comme on put, avec l'indécence qui se peut imaginer. Ensuite, on procéda à raser la maison, l'église et tous les bâtiments, comme on fait des maisons des assassins des rois, en sorte qu'enfin il n'y resta pas pierre sur pierre. Tous les matériaux furent vendus et on laboura et sema la place.... Je me borne à ce simple et court récit d'une expédition si militaire et si odieuse. » Les victoires remportées par la force armée sur de pieuses femmes n'ont jamais fait honneur aux gouvernements qui y ont eu recours.

Autant qu'il est janséniste, Saint-Simon est gallican, et cette fois il ne s'en défend pas, étant convaincu que les libertés de l'église gallicane sont,

non pas des privilèges, « mais la pratique constante de l'Église universelle que celle de France
a jalousement conservée et défendue contre les
entreprises et les usurpations de la Cour de
Rome. » Donc il est d'avis « qu'on ne doit pas
filer doux avec la Cour de Rome », mais qu'il faut
lui tenir tête. Pour cela, commencez par n'avoir
pas de cardinaux français, qui sont plus dévoués
au pape qu'au roi. Ayez un clergé qui ait de l'autorité, étant de grande naissance. Et ayez moins
de couvents. Les religieux mendiants ne servent
à rien, exception faite pour quelques capucins
qui font le service de pompiers dans les incendies. Il y a trop de religieuses : cela nuit à la
repopulation et nous met, vis-à-vis de l'armée
allemande, en état d'infériorité numérique....
C'est le langage d'un bourgeois libéral de la Restauration, pour ne pas dire plus....

Deux puissances s'élevaient autour de Saint-
Simon, dont il avait pu constater les progrès
et à qui appartenait l'avenir.

L'une était celle des financiers. Saint-Simon
n'en parle presque pas : il était gêné. La Bruyère
a dit : « Si le financier manque son coup, les
courtisans disent de lui : c'est un malotru....
S'il réussit, ils lui demandent sa fille. » C'est
ce qu'avait fait le maréchal de Lorge en épousant

la fille du financier Frémont, dont la fortune était considérable et n'était pas sans reproche. Quand on a pour belle-mère la fille d'un traitant, cela oblige à quelque réserve.

L'autre puissance était celle des gens de lettres. Saint-Simon n'en parle qu'avec une légèreté dédaigneuse. Il a mentionné plusieurs grands écrivains du xviie siècle et le plus souvent il les a appréciés d'un trait juste, mais si rapide et si insuffisant ! Il ne dit pas un mot de Molière. En revanche, il fait l'éloge de Scarron ; mais c'est, je pense, pour être désagréable à Louis XIV. Il ne prononce pas le nom de Montesquieu, et il écorche celui de Voltaire. Cette impertinence lui a été très reprochée. On a fait à ce propos un piquant rapprochement. On s'est rappelé qu'à l'époque où le père de Saint-Simon devint premier écuyer de Louis XIII, le poète Malherbe avait annoncé cet événement en termes qui, pour le dédain, supportent toute comparaison. « Vous avez su, écrivait-il à un de ses amis, le congé donné à Baradat : nous avons un sieur Simon, page de la même écurie, qui a pris sa place. » Le « sieur Simon de la même écurie, » — qui n'était autre que le futur duc Claude de Saint-Simon, — vaut, et au delà, le « Arouet fils d'un notaire qui l'était de mon père ». Ce sont dédains qu'on se renvoie d'une classe sociale à une autre, et qui ne font de mal à personne.

*
* *

Il nous reste à voir quel rôle jouent dans les *Mémoires* ces autres acteurs de la Comédie humaine, nos passions, nos travers, nos défauts, nos vices, les tares que nous apportons en naissant, tares morales et tares physiologiques.

Il y a dans les *Mémoires* des maniaques, des malades de l'esprit ; et il n'est pas, dans notre histoire, de plus beau nom que le leur : ce sont les Condé. Elle est terrible, cette descendance du grand Condé : une descendance d'anormaux. D'abord M. le prince, qui n'est pas M. le prince le héros, mais simplement M. le prince. Saint-Simon en a tracé ce portrait : « Fils dénaturé, cruel père, mari terrible, maître détestable, pernicieux voisin, sans amitié, sans amis, incapable d'en avoir. » Bourreau de lui-même et des autres, il fallait échapper à son joug ou y succomber. Sa seconde fille avait épousé le duc du Maine ; celle-là était libérée ; les autres « regrettaient la condition des esclaves » : Mlle de Condé mourut de chagrin. Sa continuelle victime était sa femme, Mme la princesse. Il faut dire qu'elle était faite en victime, et il est impossible de lire sans attendrissement le portrait ridicule et touchant qu'en trace Saint-Simon. « Elle était également laide, vertueuse et sotte ; elle était un peu bossue et avec cela un gousset fin, qui se faisait suivre à la piste, même de loin.... La piété, l'attention infatigable de Mme la princesse, sa douceur, sa soumission de novice, ne la purent garantir ni des injures fréquentes, ni des coups de pied et de poing qui n'étaient pas rares. » La malheureuse !

M. le prince ne manquait ni de savoir, ni d'esprit, ni de charme dans la conversation ; il avait du goût, s'entendait à organiser une fête, et il contribua pour sa part à embellir sa demeure princière. « Chantilly était ses délices. Il s'y promenait, toujours suivi de plusieurs secrétaires avec leur écritoire et du papier, qui écrivaient à mesure ce qui lui passait par l'esprit pour raccommoder et embellir. Il y dépensa des sommes prodigieuses.... » Il était tour à tour avare et magnifique, passait d'un excès à l'autre, incapable d'équilibre. « Les quinze ou vingt dernières années de [sa] vie furent accusées de quelque chose de plus que d'emportement et de vivacité. On disait tout bas qu'il y avait des temps où tantôt il se croyait chien, tantôt quelque autre bête, dont alors il imitait les façons. » Finalement il s'imagina qu'il était mort et refusa toute nourriture, sous prétexte que les morts ne mangent pas. Il fallut lui persuader qu'il y a des morts qui mangent, lui en amener : il ne mangeait qu'avec eux.

Son fils, M. le duc, qui avait reçu une excel-

lente éducation, — c'était l'élève de La Bruyère,
— n'était guère moins redoutable. « Sa férocité
était extrême et se montrait en tout. C'était une
meute toujours en l'air, qui faisait fuir devant
elle, et dont ses amis n'étaient jamais en sûreté.... »
Si la comparaison ne vous suffit pas, en voici
une autre avec « ces animaux qui ne semblent
nés que pour dévorer et pour faire la guerre
au genre humain ». Saint-Simon ajoute : « Qui-
conque aura connu le prince, n'en trouvera pas
ici le portrait chargé. »

Ce qu'il y a encore de plus sinistre chez ces
détraqués, ce sont leurs gaietés. Le pauvre
Santeuil l'apprit à ses dépens. C'était un charmant homme, qui faisait très bien les vers latins.
Il était de toutes les fêtes chez les Condé.
M. le duc l'emmena aux États de Bourgogne, et
un soir « il se divertit à le pousser de vin de
Champagne, et, de gaieté en gaieté, il trouva
plaisant de verser sa tabatière pleine de tabac
d'Espagne dans un grand verre de vin et de
le faire boire à Santeuil, pour voir ce qui en
arriverait. Il ne fut pas longtemps à en être
éclairci : les vomissements et la fièvre le prirent
et, en deux fois vingt-quatre heures, le malheureux mourut dans des douleurs de damné ! »
L'anecdote a été contestée, je le reconnais :
d'autres prétendent que Santeuil serait mort de
coups de chenet que lui aurait assénés son pro-
tecteur.

M. le duc eut une fin tragique. C'était pendant le carnaval de 1710. On l'attendait pour un souper joyeux. Il eut une attaque sur le Pont-Royal. On le rapporta chez lui. « Il ne donna nul signe de vie que d'horribles grimaces et mourut sur les quatre heures du matin du mardi-gras, au milieu des parures, des masques, des costumes de bal, sous les yeux de tout ce grand monde convié pour un spectacle diffé-rent.... » Ces Condé étaient des demi-fous. Vous me direz : « Telle est l'hérédité des grands hommes : leur génie est une névrose ; elle se change en folie chez leurs descendants. » Heureusement l'explication est inexacte. La folie était dans la famille, mais non pas du côté de Condé. C'est sa femme, Clémence de Brézé, qui mourut enfermée, comme était morte sa mère. C'était le mystère, le douloureux secret de cette maison illustre. Aujourd'hui comme alors, le monde est plein de détraqués, dont les grands-parents n'ont pas gagné la bataille de Rocroy.

Après les malades atteints d'aliénation men-tale, les maniaques de l'idée fixe, ceux qu'une seule pensée, une passion unique possède comme une chose. D'abord les ambitieux : j'en ferais défiler sous vos yeux toute une galerie, si j'en avais le temps. Le type le plus extraordinaire en serait encore cette princesse des Ursins, qui, à soixante ans, envoyée en Espagne, y devient toute-puissante, est une première fois disgraciée, reprend le pouvoir, et, brutalement congédiée, se réfugie à Rome, où, exilée, elle rencontre le roi et la reine d'Angleterre — des rois en exils ! — et bientôt les gouverne. « Quelle triste ressource ! Mais enfin c'était une idée de cour et un petit fumet d'affaires pour qui ne s'en pouvait plus passer.... » Nous aurions aussi des vaniteux, des avares, des dévots tournés à l'imbécillité, comme ce duc Mazarin devenu la proie des moines et des béats, qui mutila les plus belles statues, barbouilla les plus rares tableaux, par décence, refusa d'éteindre le feu qui avait pris à son château pour ne pas contrarier le bon plaisir de Dieu et voulut faire arracher les dents de devant à ses filles pour les guérir du péché de coquetterie. Nous aurions des ménages d'intrigants, comme est ce ménage d'O : l'un poussant l'autre, le mari fait métier d'austérité et la femme de galanterie. Et des complaisantes, une maréchale de Rochefort, une duchesse de Montausier, à ne pas les compter. Et des menteuses, comme Mme de Blansac, à qui « les histoires entières coulaient de source, » sans qu'il y eût un mot de vrai.

Mais il y aurait aussi de grands caractères et d'honnêtes gens, et de bons ménages, comme il y en avait tant dans la vieille France, et comme on en trouve beaucoup chez Saint-Simon, à commencer par le sien. Je ne résiste pas au plaisir de vous dire un mot d'une femme dont

Saint-Simon fait un complet éloge, quoiqu'elle eût longtemps trempé dans la bourgeoisie et qu'il lui en restât « quelque petite odeur. » C'est Mme de Pontchartrain, la chancelière. Elle était admirable par le mélange de dignité et de politesse, d'esprit et de bon sens. Nulle autre ne savait mieux qu'elle tenir une maison. « Il est surprenant qu'une femme de la robe, qui n'avait vu le monde qu'en Bretagne, fût en si peu de temps au fait, aux manières, à l'esprit, au langage de la Cour et devînt un des meilleurs conseils qu'on pût trouver pour s'y bien gouverner. » Saint-Simon oublie que pour être bourgeoise et même bourgeoise de province, on n'en est pas moins femme. Celle-ci s'entendait mieux qu'aucune autre à donner une fête, et le lendemain matin à visiter ses pauvres. Ce qu'elle distribuait en aumônes était à ne pas croire. Elle avait fondé à Versailles une communauté de jeunes filles pauvres, un hôpital à Pontchartrain. Lors du terrible hiver de 1709, elle se surpassa, donnant du pain et des vêtements, faisant vivre jusqu'à trois mille personnes par jour. Une intimité de tous les instants et de toutes les pensées avec son mari à qui elle ne fit qu'un chagrin, celui de mourir la première. « Telle fut la chancelière de Pontchartrain que Dieu épura de plus en plus par de longues et pénibles infirmités.... » De la vertu et de l'agrément, de la gaieté et de la bonté, le don naturel et l'art de faire du bonheur autour de soi, si j'ai tenu à vous présenter la Chancelière, c'est que son portrait est celui de beaucoup de femmes en France, à toutes les époques de la France.

* *
*

A qui a vu tant de choses, portraituré tant de gens, réfléchi sur tant d'événements, il est naturel de demander la conclusion de son expérience.

Quelle est d'abord la philosophie de l'histoire qui se dégage des *Mémoires* ? Comment s'expliquent, d'après Saint-Simon, les grands faits dont les conséquences se prolongent à l'infini ? Ils s'expliquent, si c'est là s'expliquer, par les plus petites causes. Exemple. Savez-vous quelle fut l'origine de la guerre de 1688 ? Un jour Louvois accompagnait Louis XIV en train de rebâtir Trianon. Le roi montre à Louvois une fenêtre plus étroite que les autres. Louvois conteste. Le roi insiste et se fâche. Louvois revient chez lui, dépité, assurant qu'il est perdu, mais qu'il y mettra bon ordre en suscitant une guerre qui fera de lui l'homme nécessaire.... Ainsi l'Europe fut mise à feu et à sang parce que Louis XIV et son ministre n'avaient pas été du même avis sur les dimensions d'une fenêtre dans une maison en construction !

Et ce n'est pas un exemple isolé : il en est

(257)

toujours ainsi : dans toutes les grandes affaires, on trouve que « rien n'est plus léger que leur première cause, et toujours un intérêt très incapable de causer de tels effets. » Il faut donc tenir compte d'un facteur secret et qui pourtant n'échappe qu'à une observation superficielle : l'intervention de la Providence. C'est elle « à qui quelques grains de sable suffisent pour arrêter les plus furieux orages de la mer. » Mais ses desseins nous sont cachés. Elle nous mène par des voies mystérieuses à des fins que nous ignorons ; n'essayons pas de comprendre : inclinons-nous !

Quant à la philosophie de l'existence, à la conception de la vie qui circule à travers les *Mémoires*, maintenant que vous connaissez la teinte générale de l'ouvrage, le dramatique des récits, l'âpreté des portraits, vous ne doutez pas qu'elle ne soit parfaitement sombre et désespérée. Saint-Simon l'a exprimée en maints endroits de son livre, et il l'a résumée dans cette page d'une éloquence si douloureuse :

« Ecrire l'histoire de son pays et de son temps, c'est se montrer à soi-même pied à pied le néant du monde, de ses craintes, de ses désirs, de ses espérances, de ses disgrâces, de ses fortunes, de ses travaux ; c'est se convaincre du rien de tout par la courte et rapide durée de **toutes** ces choses et de la vie humaine ; c'est se rappeler un vif souvenir que nul des heureux du monde ne l'a été et que la félicité, ni même la tranquillité ne peut se trouver ici-bas ; c'est mettre en évidence que s'il était possible que cette multitude de gens de qui on fait une nécessaire mention avait pu lire dans l'avenir le succès de leurs intrigues, tous, à une douzaine près tout au plus, se seraient arrêtés tout court dès l'entrée de leur vie, et auraient abandonné leurs vues et leurs plus chères prétentions ; et que cette douzaine encore, leur mort, qui termine le bonheur qu'ils s'étaient proposé, n'a fait qu'augmenter leurs regrets par le redoublement de leurs attaches. » Tel est le paradoxe de l'humaine condition : la vie nous est insupportable et ce que nous en supportons le moins, c'est l'idée de la quitter.

Vous voyez maintenant quelles méditations emplirent cet intervalle que, lui aussi, Saint-Simon s'était réservé entre la vie et la mort. Sa philosophie, c'est le pessimisme, mais le pessimisme chrétien, celui de Pascal et de Bossuet, celui qui, de nos ténèbres, fait jaillir la splendeur des vérités éternelles. Puisque rien ne s'explique ici-bas et rien ne se suffit, c'est donc que la clé du mystère est ailleurs, au delà. Il n'est pas indifférent de voir un des hommes qui ont mené sur la vie la plus large enquête, et poussé le plus avant dans la connaissance du cœur humain, aboutir à un acte d'humilité, de foi et d'abandon à Dieu.

HUITIÈME CONFÉRENCE

L'ÉCRIVAIN ARTISTE

VIII. — L'ECRIVAIN ARTISTE

C'EST Mme de Staël qui a établi une distinction fameuse entre deux catégories d'écrivains : les « écrivains penseurs » et les « écrivains artistes ». Comme elle n'était certainement pas du nombre des écrivains artistes, c'est déjà une indication. Mais serrons d'un peu plus près le sens d'une expression souvent employée mal à propos.

L'écrivain artiste se reconnaît au don qu'il a reçu d'apercevoir toutes choses d'après une optique spéciale qui les déforme légèrement, mais pour en compléter et en achever l'image. Spontanément et par une nécessité de sa complexion intellectuelle, il applique au monde de la réalité les lois d'un autre monde moins imparfait. Il est cet homme dont parle Platon, qui, avant de venir parmi nous, a contemplé les idées dont les êtres ne sont que le reflet, et qui s'en souvient, en sorte que les êtres d'ici-bas lui apparaissent à travers leurs modèles idéaux.

Cette disposition d'esprit est irréfléchie, instinctive, inconsciente : l'artiste est persuadé qu'il copie la nature, et quand on cherche à lui prouver qu'il l'arrange, on l'irrite, on ne le convainc pas. Corneille et Racine, dans leurs tragédies, prennent toute sorte de libertés avec les dates, changent à leur gré le cours des événements et tuent les vivants ou ressuscitent les morts suivant que cela importe à leur dénouement : ce sont des artistes. Gœthe, à qui on prouve que son Egmont n'est pas l'Egmont de l'histoire et qui se borne à répondre : « C'est *mon* Egmont », est un artiste. Être artiste, don qu'on apporte en naissant et que rien ne remplace : on a connu de tout temps, et on connaît de notre temps, des écrivains excellents, qui ont toute sorte de qualités, l'abondance, la conscience, l'invention, le goût et bien d'autres encore ; seulement on a négligé d'inviter au baptême la fée que vous savez, et elle a jeté un sort : « Tu ne seras pas artiste ». Alors ils ont beau s'acharner : rien n'y fait.

On peut être artiste ou ne l'être pas, dans n'importe quel genre et n'importe quelle école. Chateaubriand et Flaubert n'ont entre eux nulle ressemblance, sauf qu'ils sont tous deux des artistes.

Don précieux, enviable, envié, mais dangereux aussi ; car il est toujours dangereux de se distinguer et de ne pas voir les choses comme les autres les voient ; et les autres ont des moyens de vous faire payer l'impertinence que vous avez de ne pas leur ressembler. Mais l'artiste aura sa revanche, et un instinct secret qui est en lui l'en avertit ; car tout passe et un jour viendra où rien de ce qui existait autour de nous ne subsistera, rien que l'œuvre d'art, supérieure à la réalité éphémère, et qui porte en soi le caractère de ce qui dure.

Je voudrais vous montrer en Saint-Simon un de ces écrivains artistes : après quoi, notre conclusion sur la valeur historique, sur la signification et la portée de son œuvre, se dégagera d'elle-même.

* * *

Il est d'abord une objection à laquelle je suis sûr que vous me reprocheriez de répondre longuement : c'est celle qui consiste à croire que Saint-Simon, en grand seigneur dédaigneux du travail de l'écrivain, a jeté hâtivement sur le papier des pages frémissantes et négligées. C'est Chateaubriand qui a dit : « il écrivait à la diable pour l'immortalité. » Rien n'est plus faux. Rien n'est en plus complète contradiction avec la manière de travailler particulière à Saint-Simon, telle que nous la connaissons. Comme nous l'avons vu, il a commencé par rédiger les *Additions* au *Journal* de Dangeau. Puis il a composé ses *Notices* sur les duchés-pairies et sur les grandes charges de la couronne. Enfin il a écrit les *Mémoires*, qui ont été suivis du *Parallèle des trois rois Bourbons*. Or il n'est pas rare que les mêmes scènes ou les mêmes portraits se retrouvent dans ces quatre ouvrages, en quatre versions successives, identiques pour le fond, mais différentes par la forme, et parfois présentant des différences très sensibles. C'est le procédé lui-même de l'écrivain soucieux de perfection, qui reprend sans cesse son propre ouvrage et le remet sur le métier.

Parmi les *Additions* plusieurs, et non des moins curieuses, n'ont pas été recueillies par Saint-Simon et ne figurent pas dans les *Mémoires* : il n'a pas trouvé qu'elles eussent de place dans l'ensemble. D'autres ont été considérablement réduites. Je ne vous en citerai qu'un exemple. Il est parlé dans les *Mémoires* d'un évêque de Noyon, qui était Clermont-Tonnerre, « célèbre par sa vanité ». On aurait fait un volume avec toutes les sottises que sa vanité lui avait inspirées et surtout avec celles qu'on prêtait à ce riche. Ce volume, Saint-Simon l'avait fait ou presque. Dans une *Addition* au Journal de Dangeau qui ne contient pas moins de cinq pages, et dans une *Notice* sur les Pairs ecclésiastiques qui n'en contient pas moins de dix-huit, il avait rédigé un véritable *Clermontiana*. De toutes ces anecdotes Saint-Simon n'en a inséré qu'une dans les *Mémoires*, celle de la réception de l'évêque de Noyon à l'Académie française. Louis XIV le trouvait ridicule et s'en égayait, comme tout le monde. Mais il avait de l'amitié pour lui : il pensa qu'on pouvait toujours bien en faire un académicien. Donc il fit savoir son désir à MM. de l'Académie qui s'inclinèrent, parce qu'ils ne pouvaient pas faire autrement ; mais ils attendirent leur nouveau confrère au jour de sa réception. Ce jour-là, l'abbé de Caumartin, directeur, lui adressa un discours qui était un « tissu de louanges si démesurées et en même temps si parfaitement ridicules, mais où l'esprit brillait, que ce fut en effet un chef-d'œuvre de badinage, de dérision voilée de gaze et d'éloquence ». C'était la merveille du persiflage.

Celui qu'on persifle doit s'épanouir d'abord, se fâcher ensuite : c'est la règle du jeu. Pendant que l'abbé de Caumartin lui cassait l'encensoir, l'évêque de Noyon se pavanait pour la plus grande joie de l'assistance : après, il s'aperçut qu'on s'était moqué de lui, ou on l'en fit apercevoir, et il s'en plaignit au roi. Oncques depuis, Louis XIV ne s'avisa plus de pratiquer à l'Académie la candidature officielle....

Le plus souvent, au lieu d'abréger, Saint-Simon développe, amplifie, ajoute des détails. Dans les *Additions*, il est dit que Louis XIII mourant dicta à Chavigny une liste des charges qu'il distribua : « Il y nomma M. de Saint-Simon

[mon père] à la charge de grand écuyer, le publia, le dit à M. de Saint-Simon qui reçut les compliments et qui en fit toutes les fonctions aux obsèques du roi. » Dans les *Mémoires*, le même fait est rapporté, mais non plus en ces termes succincts : avec le temps, il a beaucoup gagné en pathétique. « L'écrit dicté à Chavigny fut lu tout haut devant tout le monde.... Mon père, *éperdu de douleur, ne put répondre au roi qui l'avait fait grand écuyer que par se jeter sur ses mains et les inonder de ses larmes*, ni autrement que par elles aux compliments qu'il en reçut.... Il en fit les fonctions aux obsèques du roi, et il m'a souvent dit qu'*en jetant l'épée royale dans le caveau il fut au moment de s'y jeter lui-même.* » Ces larmes font très bien dans la scène et le geste de se jeter dans le caveau, encore qu'un peu mélodramatique, est d'un bon serviteur ; mais ces beautés ont été ajoutées après coup... Nous ne pouvons poursuivre ici ce travail de comparaison. Mais on le trouvera tout fait dans l'édition Boislisle et c'est un des services sans nombre que nous rend cette admirable édition dont le laborieux achèvement tient au cœur de tous les fervents de Saint-Simon.

Entre les *Additions* qui sont déjà les *Mémoires* et les *Mémoires* eux-mêmes, — entre ces deux états d'une même œuvre, — l'écrivain a fait subir à chaque partie de l'œuvre un énorme travail. En général, les *Additions* sont plus sèches, écrites en termes plus mesurés; les *Mémoires* sont plus développés et combien plus acerbes, plus passionnés, plus violents ! Entre les deux rédactions vingt années se sont écoulées : de même qu'il y a une cristallisation par l'amour, de même aussi la haine cristallise ; de même que l'amour, la haine brode... Comme nous voilà loin de cette conception des *Mémoires* jetés à la diable et coulés d'un seul jet !

Saint-Simon s'est-il livré sur le papier à ce travail de ratures et de corrections que nous retrouvons dans toute œuvre classique, et qui, par exemple, dans telle fable de La Fontaine, ne laisse subsister que deux vers du texte original? C'est probable, puisque le manuscrit des *Mémoires*, qui nous est parvenu, est une mise au net. Ce qui est certain, c'est que Saint-Simon a longtemps porté son œuvre en lui, et qu'il en a soumis la matière à une longue élaboration sous l'action de ce sens artiste qu'il possédait à un si haut degré. Ainsi se vérifie la règle d'après laquelle le temps n'épargne pas ce qu'on a fait sans lui : les *Mémoires*, comme tous les chefs-d'œuvre, sont le résultat d'un lent et patient travail.

*
* *

Assistons à ce travail. Donc, Saint-Simon écrit, ayant à côté de lui le *Journal* de Dangeau. Le *Journal* lui fournit la trame : il ajoute les broderies. Le *Journal* fournit la suite des faits : il ajoute les portraits et les scènes.

Les portraits ! Saint-Simon les a semés a profusion dans les *Mémoires*, tous frappants, saisissants, inoubliables. Puisque l'historien doit donner l'illusion de la vie, il veut que tous les personnages qui figurent dans son récit ressemblent non pas à des ombres, à des fantômes, mais à des êtres vivants : il n'en laisse pas passer un sans nous le présenter, tout au moins en quelques mots. Beaucoup de ces portraits sont de véritables exécutions en trois lignes, où chaque mot porte, et emporte le morceau. On pourrait appliquer à Saint-Simon ce qu'il dit du comte de Grammont, qu'il excelle « à trouver le mauvais, le ridicule, le faible de chacun, à le peindre en deux coups de langue irréparables et ineffaçables ». Il dira du prince d'Harcourt, qu'il était « enfoui dans son obscurité et ses débauches »; de la fille de Lassai : « elle fut galante et après folle » ; des filles du premier Président : « Le premier président... n'avait que deux filles : l'une était noire, huileuse, laide à effrayer, sotte et bégueule à l'avenant, dévote à merveille ; l'autre rousse comme une vache. » C'est heureux pour le premier Président qu'il n'ait pas eu une troisième fille.

Saint-Simon s'empare d'un ridicule, le plus souvent d'un ridicule extérieur, et le met en valeur. C'est un fait qu'il y a parfois entre l'extérieur d'un individu et son caractère, son sexe, ou sa situation sociale, un contraste qui fait rire. Voici la duchesse de Chaulnes : « C'était, pour la figure extérieure, un soldat aux gardes et même un peu Suisse habillé en femme. » Nous dirions aujourd'hui qu'elle avait l'air d'un gendarme. Villeroy, tout maréchal qu'il était, avait l'air d'un danseur : « C'était un homme fait exprès pour présider à un bal, pour être le juge d'un carrousel, et, s'il avait eu de la voix, pour chanter à l'Opéra les rôles de rois et de héros. » Et Courcillon : « C'était un homme bien fait, qui avait même de beaux traits, mais dont la physionomie, le maintien et toute la figure serrait le cœur de tristesse : elle était toute faite pour être crieur d'enterrement. ». Et l'abbé de Maulevrier : telle était sa pâleur qu'il « avait l'air d'un mort », sans doute du mort que Courcillon allait porter en terre.

Devant certains visages humains s'évoquent irrésistiblement des comparaisons empruntées au règne animal. Desmarets était « un sanglier... enfoncé dans sa bauge ». Belesbat, « une manière d'éléphant pour la figure, une espèce de bœuf pour l'esprit. » Mézières, gouverneur d'Amiens, était « un petit bossu devant et derrière, à faire peur, avec un visage très livide, qui ressemblait fort à une grenouille ». La duchesse de Gesvres était « une espèce de fée, grande et maigre, qui marchait comme les grands oiseaux qu'on appelle des demoiselles de Numidie. » « La vieille Mailly mourut à quatre-vingt-cinq ans…. C'était celle que la longueur de son visage et la singularité de son nez avaient fait nommer la Bécasse. » D'autres fois, il faut descendre jusqu'aux végétaux, ou même plus bas : jusqu'aux choses. Usson, lieutenant général distingué, « était un petit homme fait comme un potiron. » La Chaise, frère du célèbre jésuite, était « un grand échalas, prodigieux en hauteur et si mince qu'on croyait toujours qu'il allait rompre. » « Mme de Castries était un quart de femme, une espèce de biscuit manqué. » Rion, « gros garçon court, joufflu, pâle… ne ressemblait pas mal à un abcès » : c'est avec ce physique qu'il avait plu à la duchesse de Berry !

Arrêtons-nous là. Saint-Simon a en quelque sorte créé l'art du portrait et il n'y a jamais été ni surpassé, ni égalé ; personne avant lui n'avait fait de portraits si vivants, d'une touche si large et d'un relief si accusé, et personne après lui n'a retrouvé cette manière à la fois libre et puissante ; aussi convient-il d'étudier un peu à loisir l'art du portrait chez un tel maître.

On avait fait déjà des portraits avant Saint-Simon ; on en avait fait beaucoup et on en avait fait d'excellents. Le genre était à la mode au XVIIe siècle ; c'était même un divertissement de société : on jouait aux portraits dans les salons où l'on cause. Mlle de Montpensier en charmait son ennui dans son exil de Saint-Maur ; il existe une « Galerie des portraits de Mlle de Montpensier, » où défilent toutes les femmes de la haute société d'alors, sans qu'on nous dise la couleur de leurs yeux, sauf pour Mme de Sévigné, — qui les avait « bigarrés ! » Mlle de Scudéry faisait des portraits de ses contemporains dans la *Clélie* et le *Grand Cyrus*, et ils sont le sublime du genre filandreux. Célimène fait des portraits dans une scène fameuse du *Misanthrope*, et ils sont exquis dans le genre acide.

Enfin et surtout il y a, au début des *Mémoires* de Retz, une merveilleuse galerie de dix-sept portraits. Pour la pénétration morale et pour l'ironie, il n'est pas un de ces dix-sept portraits qui ne soit un chef-d'œuvre. Mais il est remarquable que parmi ces portraits qui comprennent des portraits de femmes, et de femmes célèbres par leur beauté, ceux de Mme de Longueville, de Mme de Chevreuse, de Mme de Montbazon, il n'y ait pas un trait de peinture physique. Avec Saint-Simon, le physique entre dans la littérature.

A une première rencontre, c'est d'abord l'individu physique que nous apercevons : grand ou petit, bien fait ou mal bâti. Saint-Simon ne nous laisse ignorer ni la boiterie du duc du Maine, ni l'épaule haute du duc de Bourgogne, ni les mauvais yeux du duc d'Orléans, ni que Pontchartrain avait un œil de verre et toujours pleurant, ni que la principale disgrâce de la duchesse d'Orléans était « les places de ses sourcils qui étaient comme pelés et rouges avec fort peu de poils », ni que Louis XIV a eu le bras cassé, et que Monseigneur s'était cassé le nez. Non qu'il croie que le physique emporte nécessairement le moral. Et, par exemple, il ne s'étonne pas que le duc de Chaulnes ait, avec la corpulence d'un bœuf, l'esprit le plus délié. Mais puisque nous sommes corps et âme, et qu'on voit le corps avant de découvrir l'âme, un portrait doit donc commencer par être un portrait physique.

Les personnages de Saint-Simon ont un corps, avec, si j'ose dire, tout ce qui s'ensuit. Ils mangent, ils boivent, comme on mange et on boit dans la vie réelle, et il n'est pas indifférent de savoir comment ils mangent et ce qu'ils boivent. L'indigestion, quand c'est celle de Monseigneur qui s'est crevé de poisson, devient une indigestion historique. Le vulgaire « mal aux cheveux » lui-même peut devenir une affaire d'État, ou du moins influer sur les affaires de l'État, quand c'est des matinées du Régent qu'il s'agit : « Sa tête offusquée encore des fumées du vin et de la digestion des viandes du souper, n'était pas en état de comprendre, et les secrétaires d'État m'ont souvent dit que c'était un temps où il ne tenait qu'à eux de lui faire signer tout ce qu'ils auraient voulu. » Saint-Simon multiplie les détails sur l'air de figure, la démarche, l'allure, la toilette, le mobilier, l'emploi de la journée, etc. Nous savons à quelle famille chacun appartient, s'il est de bonne maison ou de la lie du peuple, et quel est son lieu d'origine. Lauzun était des bords de la Garonne et Langlée était « un homme de rien de vers Mortagne en Perche »; celui-ci aura la finesse du Normand et l'autre la hâblerie du cadet de Gascogne.

Maintenant, le peintre peut passer au portrait moral et nous montrer tour à tour le dedans et le dehors : le dedans, c'est-à-dire le tempérament, l'humeur, les passions, les vices, les secrets désirs, les ambitions cachées ; le dehors, c'est-à-dire la conduite, la manière de se comporter dans le monde, de s'intriguer et de se pousser. Saint-Simon sait l'art de placer où il faut le petit fait significatif, l'anecdote qui peint. S'agit-il de Lenôtre, qui dessina les jardins de Versailles ? Pour nous suggérer l'idée de sa « naïveté » et de sa « vérité charmante », il suffira du récit de son entrevue avec le pape. « Le pape pria le roi de le lui prêter pour quelques mois. En entrant dans la chambre du pape, au lieu de se mettre à genoux, il courut à lui : « Eh ! « bonjour, lui dit-il, mon Révérend Père, en lui « sautant au cou et l'embrassant, et le baisant « des deux côtés. Eh ! que vous avez bon visage « et que je suis aise de vous voir et en si bonne

« santé ! » Le pape, qui était Clément X, Altieri, se mit à rire de tout son cœur. Il fut ravi et lui fit mille amitiés. » Joignez-y maintenant ce trait délicieux et touchant : « Un mois avant sa mort, le roi, qui aimait à le voir et à le faire causer, le mena dans ses jardins, et, à cause de son grand âge, le fit mettre dans une chaise que des porteurs roulaient à côté de la sienne, et Lenôtre disait là : « Ah ! mon pauvre père, si tu vivais et « que tu puisses voir un pauvre jardinier comme « moi, ton fils, se promener en chaise à côté du « plus grand roi du monde, rien ne manquerait « à ma joie ». Après cela, ne sommes-nous pas bien renseignés sur le compte de ce brave homme qui, sûrement, eut plus de droits que n'en avait La Fontaine à être appelé : le bonhomme ?

Voulez-vous voir réunis et mis en œuvre tous les éléments d'un grand portrait, rappelez-vous, après tous ceux que nous avons déjà vus défiler, le portrait de Fénelon. « Ce prélat était un grand homme maigre, bien fait, pâle, avec un grand nez, des yeux dont le feu et l'esprit sortaient comme un torrent et une physionomie telle que je n'en ai point vu qui y ressemblât, et qui ne se pouvait oublier quand on ne l'aurait vue qu'une fois. Elle rassemblait tout et les contraires ne s'y combattaient pas. Elle avait de la gravité et de la galanterie, du sérieux et de la gaieté ; elle sentait également le docteur, l'évêque et le grand seigneur ; ce qui y surnageait, ainsi que dans toute sa personne, c'était la finesse, l'esprit, les grâces, la décence, et surtout la noblesse. Il fallait effort pour cesser de la regarder. » De cette peinture de l'extérieur Saint-Simon passe aux manières si aisées, à cet air du grand monde, à cette éloquence naturelle, et plus que tout, à ce charme unique, à cet extraordinaire don de séduction « qui lui tint tous ses amis si entièrement attachés toute sa vie, malgré sa chute, et qui, dans leur dispersion, les réunissait pour se parler de lui, pour le regretter, pour le désirer, pour se tenir de plus en plus à lui, comme les Juifs pour Jérusalem, et soupirer après son retour, et l'espérer toujours, comme ce malheureux peuple attend encore et soupire après le Messie. » On n'a jamais, mieux qu'en ces lignes, rendu sensible le prestige que certains hommes exercent sur un petit groupe de fidèles.

Ce qui est non moins caractéristique de Fénelon, c'est ce mélange de douceur et d'humeur impérieuse, c'est cette coquetterie, « cette passion de plaire et au valet autant qu'au maître. » Nous entrons dans le palais épiscopal où Fénelon exerce une large hospitalité et tient table ouverte, une table magnifique et délicate, mais où « il n'y avait rien néanmoins qui ne sentît l'odeur de l'épiscopat et de la règle la plus exacte, parmi la plus honnête et la plus douce liberté. » Nous l'accompagnons à la promenade, en visite, dans les tournées qu'il fait à travers les diverses parties de son diocèse. Nous voyons, depuis le jour où son élève, le duc de Bourgogne, s'approche du trône, le politique se dessiner dans l'évêque. Nous comprenons les regrets qu'il laisse et que le petit troupeau soit tombé dans « l'abîme de l'affliction la plus amère ». Saint-Simon, qui ne l'aime pas, conclut : « A tout prendre, c'était un bel esprit et un grand homme ». Le portrait qu'il en a tracé est le plus achevé et le plus ressemblant que nous ayons d'un prélat grand seigneur.

Il faudrait placer à côté le portrait de ce « petit homme blondasse », Lauzun, qui fut le beau-frère de Saint-Simon, et même un bon beau-frère, ce qui n'a pas empêché Saint-Simon de nous peindre sa méchanceté, son insolence et son humeur brouillonne, Lauzun dont nous comprenons si bien qu'il ait inspiré à Louis XIV un insurmontable éloignement, et si peu qu'il ait plu aux femmes, hors celles qui aiment à être battues.

Est-ce tout? Le portraitiste nous a-t-il dit son dernier mot? Oh! que non! Jusqu'ici, il ne nous a peint que des individus : il lui reste maintenant à nous montrer dans chacun de ces individus le type, l'être collectif qu'il personnifie, la passion qu'il incarne, l'entité dont il est l'expression, l'idée dont il est le vivant symbole. Cet être mystique dont l'être de chair et de sang n'est que la figure, Saint-Simon l'aperçoit par une espèce de double vue, dans une sorte d'hallucination. Écoutez le récit de la conversation qu'il eut un jour avec le P. Tellier, ce jésuite confesseur du roi, dont il nous a dépeint le naturel cruel et farouche, l'extérieur terrible : « il eût fait peur au coin d'un bois ». C'était à Versailles, dans l'appartement de Saint-Simon, dans un de ces arrière-cabinets, sans lumière et sans air, où il fallait, en plein jour, allumer des bougies pour y voir. Il est là, tête à tête avec le terrible jésuite fait comme je viens de vous le dire :

« Nous nous enfermâmes vis-à-vis l'un de l'autre, mon bureau entre-deux, avec deux bougies allumées dessus.

« Là il se mit à me paraphraser les excellences de la constitution *Unigenitus*, dont il avait apporté un exemplaire qu'il mit sur la table. Je l'interrompis pour venir à la proposition de l'excommunication. Nous la discutâmes avec beaucoup de politesse, mais avec fort peu d'accord. Tout le monde sait que la proposition censurée est *qu'une excommunication injuste ne doit point empêcher de faire son devoir* ; par conséquent qu'il résulte de sa censure *qu'une excommunication injuste doit empêcher de faire son devoir*. L'énormité de cette dernière frappe encore plus fortement que ne fait la simple vérité de la proposition censurée.... Il évita toujours de me rien dire de personnel, mais il rageait ; et plus il se contenait à mon égard, moins il le put sur la matière ; et, comme pour se dédommager de sa modération à mon égard, plus il s'emporta et se lâcha sur la manière de forcer tout le royaume à recevoir la bulle sans en modifier la moindre chose.

« Dans cette fougue, où, n'étant plus maître de soi, il s'échappa à bien des choses dont je suis certain qu'il aurait après racheté très chèrement le silence, il me dit tant de choses sur le fond et sur la violence pour faire recevoir, si énormes, si atroces, si effroyables, et avec une passion si extrême, que j'en tombai en véritable syncope. Je le voyais bec à bec entre deux bougies, n'y ayant du tout que la largeur de la table entre-deux ; j'ai décrit ailleurs son horrible physionomie ; éperdu tout à coup par l'ouïe et par la vue, je fus saisi, tandis qu'il parlait, de ce que c'était qu'un jésuite, qui, par son néant personnel et avoué, ne pouvait rien espérer pour sa famille, ni, par son état et par ses vœux, pour soi-même, pas même une pomme ni un coup de vin plus que tous les autres, qui, par son âge, touchait au moment de rendre compte à Dieu, et qui, de propos délibéré et amené avec grand artifice, allait mettre l'État et la religion dans la plus terrible combustion, et ouvrir la persécution la plus affreuse pour des questions qui ne lui faisaient rien, et qui ne touchaient que l'honneur de leur école de Molina.

« Ses profondeurs, les violences qu'il me montra, tout cela ensemble me jeta en une telle extase, que tout à coup je me pris à lui dire en l'interrompant : « Mon père, quel âge avez-vous ? » Son extrême surprise, car je le regardais de tous mes yeux qui la virent se peindre sur son visage, rappela mes sens, et sa réponse acheva de me faire revenir à moi-même : « Hé ! pourquoi, « me dit-il en souriant, me demandez-vous « cela ? »...

« Je le fis sortir par la petite porte de derrière mon cabinet, en sorte que personne ne l'aperçut ; et dès que je l'eus refermée, je me jetai dans une chaise comme un homme hors d'haleine, et j'y demeurai longtemps seul dans mon cabinet, à réfléchir sur le prodige de mon extase, et sur les horreurs qui me l'avaient causée. »

Telle est cette soudaine révélation de « l'idée » qui vient frapper Saint-Simon dans un entretien particulier. Derrière ce jésuite qu'il tient là, bec à bec, il vient de voir apparaître l'*Ordre* tout entier. Dans un jésuite, il a vu *le Jésuite*.

De même Lauzun est l'Intrigant en soi. De même Fénelon est l'ambition faite homme. Pour ce qui est du duc de Noailles, c'est l'Orgueil par une lettre majuscule et ce n'est plus assez de dire que c'est l'Orgueil fait homme : Saint-Simon lui prête des proportions surhumaines : « Le serpent qui tenta Ève, qui renversa Adam par elle et qui perdit le genre humain est l'original dont le duc de Noailles est la copie la plus exacte, la plus fidèle, la plus parfaite, autant qu'un homme peut approcher des qualités d'un esprit de ce premier ordre et du chef de tous les anges précipités du ciel. » Il conclut : « Voilà le démon. »

Ainsi les personnages de Saint-Simon réalisent l'absolu de leur type, et à force d'être humains en deviennent plus qu'humains. Ils sont des anges, ils sont des démons. Les hommes, qui ne sont que des hommes, ne sont si complets ni en bien ni en mal. Fénelon l'a dit avec sa finesse avisée : « Presque tous les hommes sont médiocres et superficiels pour le bien comme pour le mal. » Ce sont ces hommes-là, imparfaits comme la réalité elle-même, que manie le politique et que raconte l'historien. Le procédé de Saint-Simon dressant à l'horizon de l'art des types excessifs, des Absolus qui marchent, est le procédé du moraliste, du romancier ou de l'auteur dramatique.

*
* *

Après les portraits, ce qu'il y a de plus caractéristique dans les *Mémoires*, ce sont les scènes.

Je prends pour exemple la fameuse scène du lit de justice qui fut tenu aux Tuileries, le vendredi 26 août 1718. Il s'agissait, comme vous vous en souvenez, de casser certains arrêts du Parlement, de réduire les bâtards à leur rang d'ancienneté dans la pairie, et d'enlever au duc du Maine la surintendance de l'éducation de Louis XV. C'était Saint-Simon qui avait tout préparé, en grand mystère. On voulait frapper à l'improviste le Parlement et les bâtards ; il fallait donc que rien ne transpirât à l'avance : ni les membres du Conseil de Régence, ni les dignitaires du lit de justice n'avaient été mis dans le secret. Il y eut d'abord séance du Conseil de Régence, où le garde des sceaux lut les différentes déclarations concernant le Parlement et les bâtards. Puis on attendit, non sans quelque anxiété, car si le Parlement avait refusé de se rendre à l'injonction du Régent, on aurait été bien embarrassé. Enfin le Parlement arriva ; la séance proprement dite du lit de justice put commencer, et Saint-Simon assista, dans l'ivresse de joie que vous savez, à l'humiliation de ses pires ennemis.

Demandons-nous comment est faite cette scène d'histoire. Deux phrases tout à fait significatives nous avertissent du procédé employé par Saint-Simon, et le mettent en pleine lumière. « Ce premier acte fini, écrit le narrateur à un endroit de son récit, le second fut annoncé par le discours du garde des sceaux. » Et ailleurs : « Le garde des sceaux ayant, par ce dernier prononcé, terminé ce second acte, il passa au troisième. » Premier, second, troisième acte... cela est divisé comme une pièce de théâtre. C'est à un drame en effet que Saint-Simon va nous faire assister, et ce drame est composé dans toutes les règles du théâtre.

Il faut d'abord à une pièce de théâtre un décor, des costumes, des accessoires. Saint-Simon a rempli en conscience sa tâche de metteur en scène et soigné tous les détails. Il est allé chez Fontanieu, il lui a donné des croquis, il a surveillé la plantation du décor: le trône, la table, les gradins et les bancs. Les accessoires, ce sont ces deux sacs de velours qui contiennent les sceaux et les pièces officielles. Les costumes, c'est ce vêtement de velours noir, que Saint-Simon a choisi de préférence à un habit de drap d'or, qui en effet n'eût pas été de circonstance, et ce seront tout à l'heure les robes rouges et les fourrures des magistrats.

Le rideau se lève sur un curieux effet de scène : on entend à la cantonade le tambour des gardes françaises et le pas cadencé des troupes qui se massent dans les rues : ce sont les bruits de coulisses.

Il faut à une pièce bien faite un intérêt de curiosité, un secret qui peu à peu se découvre, et, en se découvrant, provoque la surprise et l'émotion. Le fait est que, sauf quelques initiés, personne ici ne sait ce qui va se passer : on ne l'apprend que peu à peu par une série de coups de théâtre. Il faut une intrigue et un nœud à cette intrigue, une péripétie qui tienne en suspens l'attention du spectateur, inquiet de savoir comment les choses vont tourner. Cette péripétie est fournie par l'attente où l'on est de la venue du Parlement et l'incertitude de cette venue. Le Parlement viendra-t-il ou ne viendra-t-il pas? Enfin on annonce que le Parlement est en marche, à pied, et commence à déboucher du palais. Cette nouvelle rafraîchit fort le sang à la Compagnie. Et les voilà tous aux fenêtres. C'est une grande règle au théâtre, et que connaissent bien tous les auteurs dramatiques, qu'il faut que les yeux du spectateur soient sans cesse occupés. Saint-Simon occupe en effet nos regards par le spectacle des diverses contenances qu'il observe et note, comme c'est son habitude et sa méthode constante, comme il avait fait lors de la mort de Monseigneur. « Je m'occupai cependant à considérer les mines. Je vis en M. le duc d'Orléans un air d'autorité et d'attention.... M. le duc, gai et brillant, paraissait ne douter de rien. Le prince de Conti étonné, distrait, concentré, ne semblait rien voir ni prendre parti à rien. Le garde des sceaux, grave et pensif, paraissait avoir trop de choses dans la tête... » et ainsi de suite. Plus loin : « On ne peut rendre les mines ni les contenances des assistants.... On ne voyait que gens oppressés et dans une surprise qui les accablait. » Le spectacle est sur le visage des assistants.

Un drame doit être mené par une volonté partout présente et qui dirige les événements. Il y

faut un personnage toujours en scène et toujours
agissant et qui soit le personnage sympathique,
Ce personnage, c'est Saint-Simon lui-même, qui
a tout fait, surveille tout, empêche que personne
ne sorte. Sympathique, comment ne nous le
serait-il pas? Je veux dire : comment une passion
qui s'exprime en termes si enflammés ne se com-
muniquerait-elle pas à nous? « Ce fut là où je
savourai, avec toutes les délices qu'on ne peut
exprimer, le spectacle de ces fiers légistes, qui
osent nous refuser le salut, prosternés à genoux,
et rendre à nos pieds un hommage au trône....
Mes yeux fichés, collés sur ces bourgeois superbes,
parcouraient tout ce grand banc à genoux ou
debout et les amples replis de ces fourrures
ondoyantes à chaque génuflexion longue et
redoublée, qui ne finissait que par le commandement du roi par le garde des sceaux, vil petit-
gris qui voudrait contrefaire l'hermine en peinture, et ces têtes, découvertes et humiliées, à la
hauteur de nos pieds. » Une telle passion déchaînée
donne son mouvement à la pièce.

Il faut à tout drame un traître. C'est ici le premier Président, le « scélérat », que Saint-Simon
a vu, quand il s'est levé pour la remontrance,
trembler de tous ses membres. Lui aussi,
nous l'avons sans cesse sous les yeux et de plus
en plus accablé. A l'annonce de la déchéance
des bâtards, il est « saisi d'un mouvement
convulsif ». A la lecture de la déclaration, il

« grince le peu de dents qui lui restaient et se laisse tomber le front sur son bâton qu'il tenait à deux mains ». Enfin, quand le duc du Maine est dépossédé de l'éducation du roi, « le premier Président assommé de ce dernier coup de foudre se démonta le visage à vis et je crus un moment son menton tombé sur ses genoux ». La folie de cette imagination, — le menton du premier Président qui se serait dévissé ! — montre suffisamment dans quel état de surexcitation se trouve Saint-Simon. Son ennemi est à terre : il le piétine. « L'insulte, le mépris, le dédain, le triomphe lui furent lancés de mes yeux jusqu'en ses moelles : souvent il baissait la vue quand il attrapait mes regards ; une fois ou deux, il fixa le sien sur moi et je me plus à l'outrager par des sourires dérobés mais noirs, qui achevèrent de le confondre. » Sur ce tableau du traître confondu, la toile peut baisser. Racine n'a jamais mieux fait, ni d'Ennery.

Le style de Saint-Simon appellerait toute une étude. Je voudrais seulement vous y montrer la marque de l'artiste : après l'artiste dans la manière de peindre et de conter, l'artiste dans la manière d'écrire, l'artiste de mots.

Ce qui frappe d'abord quand on lit quelques pages de Saint-Simon, c'est l'étrangeté de ce style, qui ne ressemble à rien de tout ce qui avait été écrit avant lui. De longues phrases embarrassées d'incidentes qui chevauchent les unes sur les autres, en sorte qu'on a peine à s'y reconnaître. Des phrases dont les morceaux sont péniblement rattachés par des *qui*, des *que*, des *dont*, des *où*, des *dans lequel*, etc. Cela, en 1740, après Montesquieu, au temps de Voltaire, à l'époque de la phrase courte et qui court !

De vulgaires incorrections : « Conches était un homme de rien et du Dauphiné. » De vieux mots, tombés en désuétude, des latinismes, comme au temps où la langue ne s'était pas encore dégagée de ses origines : « pourpenser, forlonger, débeller », de l'embarras, des lourdeurs, des répétitions de mots, des adverbes joints qui ne font pas admirablement. Alors on est tenté de dire qu'il écrivait « à la diable » et comme on écrit, à la diable ou non, quand on ne sait pas écrire. Mais tournez le feuillet et il sera impossible que votre bonne chance ne vous fasse pas tomber sur quelqu'une de ces historiettes, — celle, par exemple, de Charnacé et de la maison du tailleur, — vives, alertes, contées d'une plume nette, incisive, brillante, rapide, légère.

Il savait comme on écrivait au xviiie siècle, et pouvait écrire d'un style aussi libre, aussi dépouillé qu'aucun de ses contemporains, mais il ne le voulait pas. Toutes ses étrangetés, toutes ses bizarreries de style, il les connaissait, mais il n'avait garde de s'en corriger. Il s'en est expliqué à la dernière page des *Mémoires* : « Dirai-je enfin un mot du style, de sa négligence, de répétitions trop prochaines des mêmes mots, quelquefois de synonymes trop multipliés, surtout de l'obscurité qui naît souvent de la longueur des phrases, peut-être de quelques répétitions? J'ai senti ces défauts ; je n'ai pu les éviter, emporté toujours par la matière, et peu attentif à la manière de la rendre, sinon pour la bien expliquer. Je ne fus jamais un sujet académique... » Il ne voulait pas être un sujet académique ; il ne voulait pas bien écrire, ce qui est une manière d'écrire comme tous ceux qui écrivent bien : il voulait écrire d'une manière qui ne fût qu'à lui.

Donc il use de ces longues phrases et de ces vieux mots, qu'on employait dans sa jeunesse, parce qu'il sied à un homme d'autrefois d'écrire dans le style d'autrefois. Il accumule dans une même phrase les mots, les synonymes, les épithètes et les superlatifs, parce qu'il aime à faire sonner les mots, parce qu'il goûte une jouissance à entendre le bruit que font les mots qui tombent en cascade, et par là il fait songer à Rabelais et à d'autres grands écrivains pareillement amoureux des mots. Parmi ces mots il n'y en a jamais un qui soit plat, qui soit pauvre, qui soit terne, mais c'est toujours le mot qui fait image. Ces mots qui font image, Saint-Simon les puise au plus riche répertoire qui soit : la langue du peuple. Il dira *faire le bec* à quelqu'un pour « lui faire la leçon », *embabouiner* quelqu'un pour « l'empaumer », jeunesse *éplapourdie* pour « stupéfaite ». Il dira du cardinal Fleury qu'il s'entendait au *ménage des bouts de chandelle*, et de ces dîners intimes où allait Mme de Maintenon chez les Beauvilliers, que « l'évêque de Chartres en *renversa les escabelles* ». Du mot familier au mot trivial il n'y a qu'un pas et Saint-Simon souvent le franchit : Mlle de la Ferté est une *égueulée*, Godet est un *cuistre violet*, les évêques de Luçon et de La Rochelle sont deux *animaux mitrés.* Quand il s'agit de trouver une expression adéquate à sa haine, aucune ne semble assez forte à Saint-Simon : le duc du Maine est un *serpent à sonnettes*, Desmarets est un *ogre*, d'Aubigny est un *excrément de séminaire*; l'ambition du duc de Noailles ne rencontre pas d'obstacle dans la « *gangrène* de son âme, et la *bassesse* et la *pourriture* de son cœur. » Ainsi il force la langue, il innove dans la violence, il invente dans le genre forcené.

D'ailleurs, une richesse d'imagination incomparable qui lui fournit sans cesse les mots heureux, les trouvailles verbales, les expressions inattendues, les tours qui ne sont qu'à lui. Et de l'esprit, encore de l'esprit, de l'esprit à pleines mains et de toutes les sortes d'esprit, de l'esprit le plus français et de l'esprit le plus parisien, auquel il avait tous les droits, n'étant pas, comme la plupart, un Parisien de Marseille, ou de Bordeaux, ou de Mortagne en Perche, mais un Parisien de Paris, comme Boileau, comme Molière et comme Voltaire.

D'où vient, maintenant, que ce style apparaît dans l'histoire de notre littérature comme un phénomène, y éclate soudain comme une nouveauté que rien ne faisait prévoir et qui ne se rattache à rien de ce qui a précédé? Le voici. Il y a en littérature une tradition, des procédés que les écrivains se repassent de l'un à l'autre, et qui, de l'un à l'autre, se continuent en se modifiant. La continuité de ce style écrit fait la suite de la littérature. Saint-Simon va-t-il donc se mettre à l'école des écrivains qui l'ont précédé et qui pour la plupart étaient de vile bourgeoisie? Ce ne serait pas la peine d'être duc et pair! Puisqu'il consent à écrire, ce sera pour écrire comme parlent les ducs et pairs, les princesses et les gens de cour. Ce qu'il mettra sur le papier, c'est la conversation de la cour de Louis XIV, une conversation à laquelle il ajoutera ses qualités personnelles, une conversation à laquelle il fera subir tout un travail, mais enfin la conversation, le style parlé et non pas le style écrit. De là viennent les incorrections, car le style parlé n'a pas la même syntaxe que le style écrit ; de là les familiarités et les trivialités, car on n'était pas prude au temps jadis, et de là surtout le mouvement, la chaleur et la vie, car c'est la parole prise à sa source, c'est l'éloquence naturelle dans son jaillissement. Ce style, qui reproduit exactement la façon dont pouvait causer à la cour de Louis XIV un homme d'esprit, d'imagination et de passion, voilà la nouveauté, et ce qui, en effet, a bouleversé notre tradition littéraire.

***

Nous savons maintenant à quelle catégorie d'écrivains appartient Saint-Simon : nous pouvons conclure.

Il y a deux façons de concevoir l'activité humaine et d'expliquer la suite des événements. L'une attribue la plus grande part d'influence aux causes profondes, lointaines, anonymes et qui travaillent obscurément ; elle diminue d'autant la part du hasard, de l'accident, du petit fait ; elle laisse à l'homme la responsabilité de ses actes, sans doute, mais en montrant sa faiblesse et son impuissance à lutter contre de grands courants qu'il n'a pas créés, qui viennent de loin et qui l'emportent. C'est la conception de l'historien. L'autre, qui est celle du romancier et de l'auteur dramatique, en est justement l'opposé. L'historien a tout son temps : il dispose des siècles. Le romancier n'a que l'espace d'un volume, l'auteur dramatique n'a que l'espace d'une soirée : il leur faut des raccourcis avec des figures qui s'enlèvent en plein relief et des situations dramatiques qu'une crise soudaine noue et dénoue.

Je n'ai pas besoin de vous dire à laquelle de ces deux catégories appartient Saint-Simon que je vous ai montré partisan de la théorie des petites causes en histoire, et dont nous avons vu qu'il excelle dans les scènes et dans les portraits.

Il est par-dessus tout un artiste.

Je ne veux pas dire que l'historien n'ait pas le droit, et même le devoir, d'être un artiste : Tacite, avec qui Saint-Simon a tant d'analogies, était par-dessus tout un grand peintre et un grand poète en prose. Je ne prétends pas davantage que les *Mémoires* soient négligeables comme œuvre historique; c'est au contraire une des sources d'information les plus abondantes et les plus précieuses que nous ayons, non seulement pour trente années de notre vie française, mais pour tout le xviie siècle.

Mais Saint-Simon est plus artiste qu'il n'est historien. Tout est là. Au lieu de se soumettre aux faits, il les a pliés aux besoins de son art. Il l'a fait inconsciemment et parce qu'il ne pouvait pas faire autrement, dominé qu'il était par son tempérament d'artiste. De là viennent l'extraordinaire éclat, l'originalité et la puissance de son œuvre, et de là en viennent aussi les défauts, et par là tout s'explique et c'est la réponse à certains points d'interrogation que nous avons laissés jusqu'ici subsister.

Car nous avons maintes fois surpris Saint-Simon en flagrant délit d'erreurs et de ces erreurs si flagrantes qu'on se demande si elles ne sont pas volontaires. Comment un homme si clairvoyant a-t-il pu se tromper si lourdement? Vous me direz que la haine l'a aveuglé. Mais alors je pose autrement la question et je demande: comment un si honnête homme a-t-il pu mentir si effrontément? Comment un si bon chrétien a-t-il pu tant médire et calomnier à tour de bras? La réponse se fait d'elle-même, si vous voulez bien convenir que l'art est une déformation de la réalité, que la vérité de la vie n'est pas la vérité de l'art, et que la vérité à laquelle se réfère Saint-Simon est la vérité de l'art et non celle de la vie.

Sachons bien le comprendre en effet: une œuvre d'art est un tout harmonieux et indépendant qui existe en soi, qui se suffit à lui-même, et n'obéit qu'à ses propres lois. C'est un organisme dont toutes les parties sont commandées par un principe intérieur; et ce principe intérieur, c'est l'âme de l'artiste. Aussi les *Mémoires* ne sont-ils pas le tableau de la société française au xviie siècle, ils sont le tableau d'une société créée par Saint-Simon *d'après* cette société. Ce que nous y voyons ce n'est pas Louis XIV, ce n'est pas Mme de Maintenon, ce n'est pas Vendôme et Villars, c'est le Louis XIV de Saint-Simon, c'est la Maintenon, le Vendôme, le Villars de Saint-Simon. L'auteur appartient à la famille des grands créateurs d'âmes, un Shakespeare, un Balzac. Les *Mémoires* sont une création analogue à la création shakespearienne ou balzacienne : l'auteur y emprunte à la société où il vit, les éléments dont il a besoin pour réaliser l'idéal qu'il porte en lui.

Ils sont un raccourci d'humanité.

Ils ont la splendeur et ils auront la durée de l'œuvre d'art plus forte que la vérité elle-même. On les critiquera, on les commentera, on les réfutera, on n'arrivera pas à exorciser leur enchantement. La légende prévaut contre l'histoire, et l'art est fait de ces mêmes qualités d'imagination et de poésie qui se retrouvent, sous des formes différentes et au même degré, chez les peuples jeunes et chez les écrivains de génie.

TABLE DES MATIERES

1918-29. — Corbeil. Imprimerie Crété.